W0089304

Jens Ploug Hansen

Friedfische angeln

Zweite, durchgesehene Auflage

CIP-Titelaufnahme der Deutschen Bibliothek

Hansen, Jens Ploug:
Friedfische angeln / Jens Ploug Hansen.
[Übers. u. dt. Bearb.:
Yvonne Seifert u. Kurt Seifert.
Zeichn.: Hannes Limmer]. –
2., durchges. Aufl. – München; Wien;
Zürich; BLV, 1989
   (BLV Angel- und Sportfischerpraxis)
   Einheitssacht.: Medefisker <dt.>
   ISBN 3-405-12660-6
NE: Seifert, Yvonne [Bearb.]

Vom gleichen Autor:

Raubfische angeln
Hecht, Barsch, Zander

BLV Verlagsgesellschaft mbH
München Wien Zürich
8000 München 40

Titel der dänischen Originalausgabe:
Medefisker
© 1979 Skarv naturvorlag, Holte

© der deutschsprachigen Ausgabe:
1983 BLV Verlagsgesellschaft mbH, München 1989

Übersetzung und deutsche Bearbeitung:
Yvonne Seifert und Dr. Kurt Seifert

Zeichnungen: Hannes Limmer, München

Satz: Fertigsatz GmbH, München
Druck und Bindung: Wagner GmbH, Nördlingen

Printed in Germany · ISBN 3-405-12660-6

Inhaltsverzeichnis

Grundangeln

Angeln auf Friedfische weckt bei vielen Erinnerungen an Tagträumereien auf sonnigen Bootsstegen, an Lausbubenjahre, Bambusruten, Korken als Schwimmer und an die ersten Plötzen. Für andere verkörpert es das vollendete Naturerlebnis einer Juninacht am Moor, wo sich Schleien zwischen Unterwasserpflanzen tummeln.

Plötzen, Schleien, Karpfen, Brachsen, Nerflinge und viele andere Arten werden Friedfische genannt. Der Name ist zutreffend, da es sich um stille, vorsichtige Fische handelt, die von Würmern, Schnecken, Pflanzenteilen und Insektenlarven leben – im Gegensatz zu Raubfischen, die vorwiegend anderen Fischen nachstellen. Friedfische fängt man oft an ruhigen Plätzen in schöner Natur.

Die Fischerei nach Friedfischen bezeichnet man als »Grundangeln« – davon handelt dieses Buch. Die Bezeichnung Grundangeln ist vielleicht nicht ganz glücklich gewählt, da man meinen könnte, der Köder würde nur am Grund angeboten. Grundangeln beinhaltet jedoch sowohl die Fischerei am Gewässerboden mit oder ohne Schwimmer, wie auch – je nach Einstellung des Schwimmers – in verschiedenen Wassertiefen bis nahe der Oberfläche. Man sollte das Wort Grundangeln daher eher so verstehen, daß damit die älteste, ursprünglichste Angelmethode gemeint ist.

Die Plötze am Bootssteg ist für viele der Beginn einer Angelfischerlaufbahn. Der »Bazillus« setzt sich schnell fest. Bald zieht es einen immer wieder hinaus ans Fischwasser. Entspannung, neue Fangmethoden, Fische und der Wettstreit mit sich selbst sind einige der Motive. Für den älteren Angler ist der Aal die begehrteste Beute. Der Erfahrene sitzt auf scheue Fische, wie Karpfen und Schleie an. Das Grundangeln bietet also Möglichkeiten, die jede Altersstufe und jedes Temperament zufriedenstellen.

Von anderen Angelmethoden unterscheidet es sich vor allem durch Eines: Das Fischwasser liegt meist direkt vor der Tür. Man muß nicht erst weit fahren, um etwas zu erleben. Es gibt immer Gelegenheiten, dem Terminkalender ein paar Nachmittags- oder Abendstunden zu stehlen und einfach an den nächsten Weiher, Bach oder See hinauszufahren. Hier hat man dann Gelegenheit, sich in den Anblick des Schwimmers auf blanker Wasseroberfläche zu vertiefen. Ein englischer Angler sagte einmal: »Es gibt nichts schöneres, als einen Schwimmer auf dem Wasser reiten zu sehen. Am allerschönsten jedoch ist zu beobachten wie er verschwindet«. Aus diesen Worten spricht etwas vom »Innersten« des Grundangelns: Die vielen spannenden und gleichzeitig entspannenden Stunden, in denen alle Sinne auf die rote Schwimmerspitze konzentriert sind.

Grundangeln ist die älteste Form der Fischerei. Es hat über viele hundert Jahre hinweg existiert und ist heute plötzlich wieder zur Blüte gekommen. Ich möchte nicht versuchen das große Interesse am Grundangeln damit zu erklären, daß unsere Gewässer immer mehr unter Druck geraten und wir gezwungen sind, auf andere Fangmethoden auszuweichen. Dies würde, zwischen den Zeilen, einer Abwertung des Grundangelns gleichkommen. Es fällt ohnehin auf, daß immer noch viele sogenannte »Sportfischer« herablassend auf das Grundangeln heruntersehen. Man kann diese Leute nicht als echte

9

Fischer ansehen, weil sich in ihrer Haltung mangelnder Respekt vor dem Lebewesen Fisch ausdrückt, wenn sie beispielsweise eine Forelle wertvoller einschätzen als eine Brachse.

Das Interesse am Grundangeln sollte daher als eine natürliche Entwicklung angelfischereilicher Möglichkeiten gesehen werden. Ähnliches kann man auf dem Gebiet der Küsten-, Meeres- und Seenfischerei verzeichnen, wo immer neue Fangmethoden auf viele verschiedene Fischarten ausprobiert werden.

Obwohl wir immer schon Freunde des Grundangelns waren, kamen die dänischen Angler erstmals mit »modernem Grundangeln« in Kontakt, als englische Angelwettbewerbe in einigen unserer Gewässer abgehalten wurden. Hier wurde etwas Neues, Spannendes geboten. In den letzten Jahren gab es auch einige Einflüsse aus Schweden, wo das

Grundangeln schon seit längerer Zeit eine bemerkenswerte Entwicklung durchgemacht hat. Dieses Buch soll jedoch kein Versuch sein, nun plötzlich lauter neue Methoden zu propagieren. Es ist vielmehr als Hilfsmittel für Angler und Fischereivereine gedacht, die am Grundangeln und an seiner Verbreitung interessiert sind.

Fast jedermann kann mit normalem Angelgerät umgehen. Genau so wichtig wie die Fertigkeit Rute, Leine, Schwimmer und Haken kontrolliert zu handhaben sind grundlegende Kenntnisse von Lebensweise und Verhalten der Fische. Deshalb habe ich in den einleitenden Abschnitten Wert auf die Feststellung gelegt, daß sich Angelfischer nicht wie englische Meisterschaftsangler ausrüsten sollten. Es kommt mehr auf das richtige Anbieten des Köders, auf das Wissen um die Standplätze und Bewe-

»Der Arzt des Wassers« – die goldfarbene Schleie, ein launischer und kampfstarker Fisch.

10

gungen der Fische, auf den richtigen Fangzeitpunkt und die passende Anfütterungsmischung an.

In vielen Fischereivereinen wird Wert darauf gelegt, das Interesse am Grundangeln zu fördern. Grundangeln ist in vieler Hinsicht eine kameradschaftliche Tätigkeit, bei der mehrere gemeinsam angeln und Erfahrungen ausgetauscht werden. Es ist deshalb empfehlenswert, sich einem Fischereiverein anzuschließen um mit Gleichgesinnten zusammenzutreffen. Adressen von Angelvereinen kann man jederzeit beim Verband Deutscher Sportfischer (VDSF) erfragen. Falls man keinen Club in der Nähe seines Wohnortes findet, so kann man immer noch selbst einen gründen.

Dieses Buch ist eine gute Hilfe um das Grundangeln von Anfang an zu lernen. Es hat jedoch auch viele Kapitel, die der Weiterentwicklung des fortgeschrittenen Anglers dienen. Es ist darüber hinaus so aufgebaut, daß sich jeder das für ihn Interessante aus dem Gesamtstoff heraussuchen kann.

Jens Ploug Hansen

Bei Regen oder Sonnenschein – Grundangeln ist immer spannend.

Ein Nachwuchstalent.

11

Gerät

Ruten

Grundangeln ist eigentlich sehr einfach. Das ist auch der Grund dafür, daß es bei vielen so beliebt ist. Man kann für die ersten Versuche die Rute verwenden, die schon immer zu Hause herumstand. Es kommt nur darauf an, die richtigen Schwimmer, Haken und Schnüre auszusuchen.

Hat es einen jedoch einmal richtig gepackt, wird man schnell merken, daß es unpraktisch und schwierig ist, mit einer Küstenrute zwischen Ästen und Schilf zu hantieren. Sie ist zu unhandlich. Darüber hinaus fällt es schwer, den Schwimmer kontrolliert zu werfen,

nicht nur weil man immer hängenbleibt, sondern auch weil der leichte Schwimmer nicht zu der Rute paßt.

Die Küstenrute ist einfach zu kräftig für das leichte Angeln mit kleinen Schwimmern und dünnen Schnüren. Sie eignet sich schon eher für das Angeln mit dem Grundblei, bei dem weiter geworfen wird.

Wenn über kurze Entfernungen gefischt wird, ist eine leichte Spinnrute, 210–240 cm lang, brauchbar. Mit ihr kann man Schwimmer und Schnur sicher kontrollieren. Man kommt jedoch schon wieder in Schwierigkeiten, falls mit festsitzendem Schwimmer und Vorfächern von 75 cm Länge oder mehr

Drei ausgezeichnete Gerätekombinationen zum Grundangeln: Ganz oben – die Kardinal 54 Rolle an einer 3,90 m langen Feralite Mark 7 Rute. In der Mitte – Shakespeare 2401 an einer 3,90 m langen Match International. Ganz unten – Daiwa GS-13x an Matchman-Rute (3,00 m).

12

gefischt wird. Präzise Würfe sind unter solchen Bedingungen mit dieser Rute nicht mehr möglich. Außerdem ist sie zu kurz und schwach, um einen ins Kraut geflüchteten Fisch wieder herauszuzwingen. Die Schnur reißt oder der Haken verliert den Halt. Für das Angeln mit dem Grundblei ist die Rute dagegen ideal. Sie wirft präzise und registriert schon das leiseste Zupfen des Fisches am Köder.
Man sieht also: Beide Ruten haben ihre Grenzen.

Grundruten

Hat man eine richtige Grundrute in Händen, vermeidet man Ärger bei Wurf, Schnurführung und Drill des Fisches. Die Rute spricht auf das kleinste Schnappen des Fisches an, man führt die Leine ohne Probleme und wirft präzise auf jede gewünschte Entfernung. Außerdem ist die Rute so leicht, daß man stundenlang damit arbeiten kann ohne zu ermüden.

Rutenaktion

Eine richtige Grundangelrute entspricht dem englischen Typ und ist 300–400 cm lang.
Grundruten können unterschiedliche Aktion haben. Spitzenaktion ist ausgezeichnet für Bodenfischerei, wenn große Wurfweiten erforderlich sind. Die Fische lassen sich gut haken. Für Würfe mit dem Schwimmer eignet sich Spitzenaktion weniger. Vollaktionsruten haben »langsame« Bewegungen. Mit ihnen sind weite, präzise Würfe mit dem Schwimmer möglich. Der Drill auch großer Fische fällt leicht. Am besten geeignet für das Grundangeln sind Ruten mit Halbaktion. Die endgültige Entscheidung will ich jedoch dem Einzelnen selbst überlassen. Man wähle jedoch keine Rute, mit zu langsamer Aktion. Eine Grundrute sollte sich nach

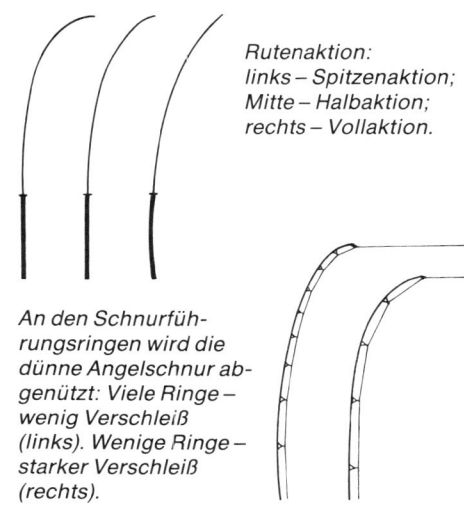

Rutenaktion: links – Spitzenaktion; Mitte – Halbaktion; rechts – Vollaktion.

An den Schnurführungsringen wird die dünne Angelschnur abgenützt: Viele Ringe – wenig Verschleiß (links). Wenige Ringe – starker Verschleiß (rechts).

dem Wurf schnell wieder aufrichten und nicht schlaff oder schlottrig wirken. Sie darf während des Wurfes nicht »schaukeln«, nach dem Wurf muß die Rutenspitze sofort wieder ruhig stehen.

Handgriff und Schnurführungsringe

Der Handteil muß so lang sein, daß er angenehm in der Hand und unter dem Arm liegt. Am besten sind Griffe aus Kork. Die Rollenhalterung sollte verstellbar sein, so daß die Rolle wahlweise in verschiedenen Höhen befestigt werden kann.
Eine vielseitige Grundrute ist für Wurfgewichte bis 20 g ausgelegt. Man verwende nur solche Ruten, die aus zwei oder drei Teilen zusammengesetzt werden. Teleskopruten sind nicht zu empfehlen. Damit bringt man sich selbst um die besten Möglichkeiten.
Wichtig sind die Schnurführungsringe. Bei normalen Ruten entstehen oft Probleme, weil die feuchte Schnur an der Rute kleben bleibt, da die Laufringe zu dicht an der Rute aufsitzen. Besonders ärgerlich ist solches bei Regenwetter. Immer wieder muß man aufs Neue auswerfen, weil sich die Leine an der Rute

Schnurwechsel wird einfach eine neue Spule in die Rolle eingesetzt. Die genannten Schnurstärken sind für das normale Grundangeln ausreichend. Nur beim Wettfischen sind noch dünnere Leinen erforderlich.

Die Schnurspule sollte beim ersten Aufspulen der Leine nicht bis zum äußersten Rand gefüllt werden, da ansonsten beim Wurf Schnurschlingen abgeweht werden und »Schnursalat« entsteht. Oder die Schnur springt beim Grundbleifischen, wenn der Schnurfangbügel aufgeklappt ist von der Spule ab.

Abb. links: Die dünne Angelschnur bleibt, wenn sie naß ist, leicht an der Rute »kleben«. Durch Laufringe auf »hohen Beinen« kann dem Problem abgeholfen werden.

So wirft man richtig und genau: Man greift beim Ausholen die Schnur nicht mit dem Zeigefinger, sondern preßt diesen gegen den oberen Spulenrand und läßt im richtigen Augenblick los (Abb. rechts oben).

»festgesaugt« hat. Richtige Grundruten sind mit vielen kleinen Laufringen auf »hohen Beinen« bestückt. Sie halten die Schnur von der Rute frei und bieten zudem beim Wurf kaum Widerstand.

Stationärrolle

Am vielseitigsten zu gebrauchen ist eine mittelgroße Stationärrolle. Für das Floßangeln auf kurze Distanzen hat man natürlich mit einer kleinen Rolle bessere Kontrolle über die Schnur. Man beachte jedoch, daß Schnüre ab einer Dicke von 0,27 mm auf kleinen Rollen nicht mehr gut zu gebrauchen sind, da sie zu steif sind und leicht von der Spule »abspringen«. Wichtig ist beim Angeln, daß man jederzeit verschiedene Schnurstärken einsetzen kann. Am besten ist daher, man schafft sich einige Ersatzspulen an, die z. B. mit 0,20–0,25 und 0,30iger Schnur gefüllt sind. Zum

14

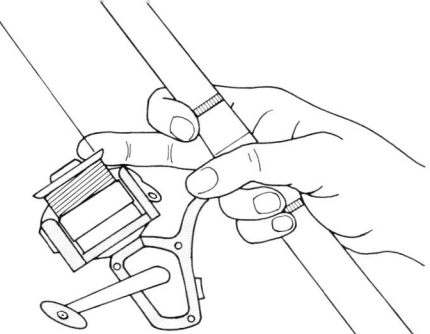

Die Stationärrolle ermöglicht auch im strömenden Wasser, wo der Schwimmer weggetragen wird, eine sichere Schnurführung. Man klappt dabei den Schnurfangbügel um und legt den Zeigefinger auf die Spule, um die Leine dosiert auslaufen zu lassen. Man läßt immer genügend Schnur nach, so daß der Schwimmer stromab gleiten kann, hält dabei jedoch die Schnur straff. Auf diese Weise wird der Schwimmer nicht unter Wasser gezogen. Während des Anhiebs, bei dem die Rute nach oben und hinten bewegt wird, preßt man den Zeigefinger gegen die Schnurspule. Erst danach wird der Schnurfangbügel in Einholstellung geklappt. Auf diese Weise vermeidet man, daß die dünne Schnur gerade in dem kurzen Moment zwischen Umklappen des Bügels und Anhieb von der Spule geweht wird.

Kleinere Fische werden beim Drill schnell müde. Bei größeren dagegen muß oft viel Schnur freigegeben werden. In diesem Zusammenhang ist es notwendig, daß man sich mit der Spulenbremse vertraut macht. Sie ist so einzustellen, daß der Fisch jederzeit Schnur abziehen kann. Beim Drill größerer Fische kann es sogar von Vorteil sein, die Bremse völlig zu blockieren und die Fluchten des Fisches allein durch Rückwärtsdrehen der Rollenkurbel zu kontrollieren. Auf diese Weise kann ein gleichmäßiger Druck auf den Fisch ausgeübt werden. Die Methode erfordert jedoch ein gewisses Maß an Übung und ist daher für Anfänger nicht zu empfehlen.

Schnur

Verwende nie dünnere Schnüre als nötig. Andererseits sind natürlich zu dicke Leinen ebenfalls nicht geeignet, da man schlecht damit wirft und sie vom Fisch leicht bemerkt werden. Für das leichte Grundangeln ist eine 0,20–0,25 mm Leine das beste. Für den Fang von Brachsen, Nerflingen, Schleien und Karpfen verwende man 0,25–0,35 mm Leinen. Beim Wettfischen benützt man wesentlich dünnere Leinen z. B. 0,12 mm. Hier ist man auf einen relativ kleinen Fangplatz beschränkt und die Fische würden bei Verwendung normaler Leinen schnell »schnurscheu«.

Im übrigen sollte man die zu fangende Fischart und das Gewässer »bestimmen« lassen welche Schnurstärke angebracht ist. Es gibt beispielsweise keinen vernünftigen Grund mit dünnen Schnüren auf große Fische in Gewässern zu angeln, die dichte Bestände an Unterwasserpflanzen aufweisen.

Die Angelschnur muß laufend auf Verschleißstellen überprüft werden. Ganz besonders wichtig ist dies, wenn auf sandigem oder steinigem Untergrund gefischt wird.

Knoten

Der Angler braucht eigentlich nur wenige Knoten zu kennen. Diese sollen aber so gut beherrscht werden, daß sie gleichsam in »Fleisch und Blut« übergehen. Mit dem Blutknoten befestigt man das Vorfach an der Hauptschnur. Der gewöhnliche Blinkerknoten wird zum Anbinden von Wirbeln oder Haken verwendet, während der Stopperknoten beim Fischen mit dem Gleitfloß zum Einsatz kommt. Im Prinzip werden alle drei Knoten in ähnlicher Weise gebunden. Es ist angebracht, die Schnur vor dem langsamen Zusammenziehen des Knotens mit Speichel anzufeuchten.

15

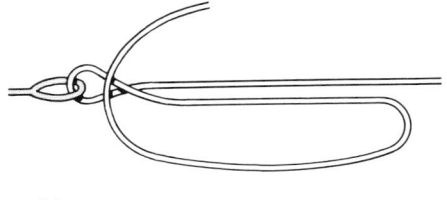

▼

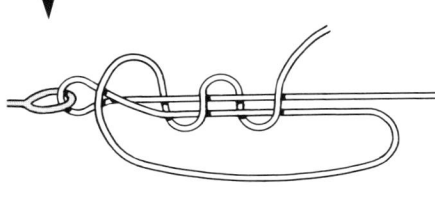

▼

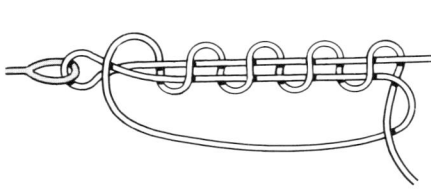

Die Bruchfestigkeit des verbesserten Blinker-Knotens liegt weit über der des normalen Blinker-Knotens. Er wird für den gleichen Zweck verwendet.

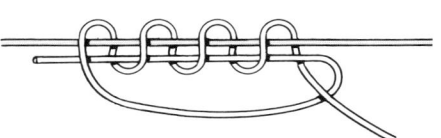

Stopper-Knoten für das Angeln mit dem Gleitfloß.

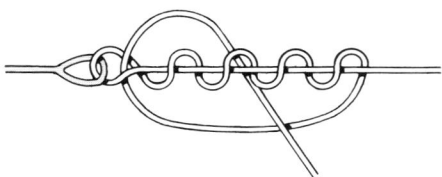

Der Blinker-Knoten dient zum Befestigen der Schnur an Wirbeln, Blei oder Haken.

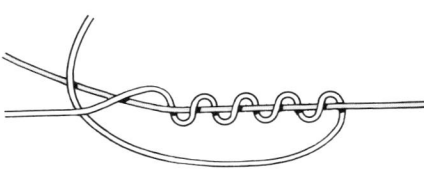

▼

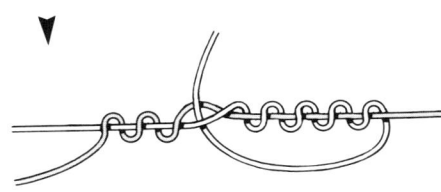

▼

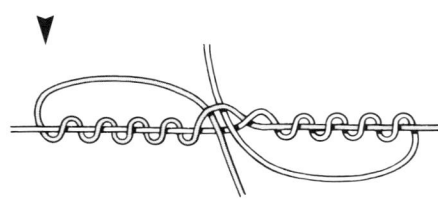

Mit dem Blutknoten verbindet man Vorfach mit Hauptschnur. Auch die Armschnüre der Paternosterangel werden mit diesem Knoten angebunden.

Haken

Der vielseitige Angelfischer sollte immer ein Sortiment an Haken verschiedener Größen dabei haben. Die meisten Fische werden mit Haken der Größen 6−8−10−12−14 gefangen. Große, beißfreudige Schleien fängt man mit Hakengröße 4 und 6, während für Karpfen die Übergrößen 1/0, 2/0 und Größe 1−4 geeignet sind.

In Gewässern mit vielen Unterwasserpflanzen empfiehlt sich der Einsatz etwas größerer Haken als normal. Hier ist man oft genötigt, die Fische zwischen den Pflanzen herauszuziehen. Ein kleiner Haken verbiegt dabei leicht und bricht. Beim Wettfischen auf kleine Fischarten werden oft Minihaken der Größen 16 und 18 gebraucht.

Auch Form und Ausführung der Haken haben Bedeutung im Hinblick auf die Fängigkeit. Immer wieder kommt es vor, daß die Fische recht zögernd und

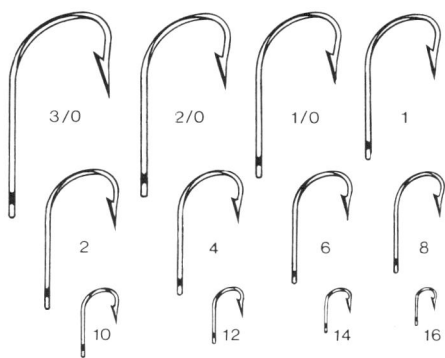

Hakengrößen (Skala nach Mustad) im Maßstab etwa 1:1 abgebildet. Diese Hakengrößen werden in den folgenden Abschnitten behandelt.

Für die Schleie – einen starken Fisch – sind kräftige Haken erforderlich.

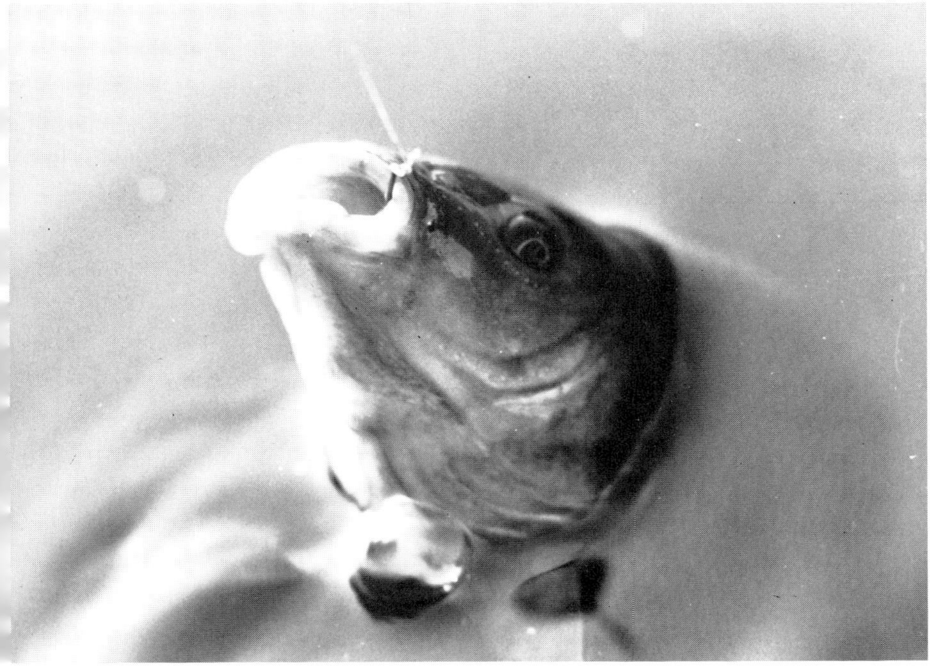

17

vorsichtig zuschnappen und sich dann beim Anhieb wieder vom Haken lösen. Deshalb sollte man keine Haken mit langem Schaft, kleiner Biegung und kurzer Spitze verwenden. Besser sind kurzschäftige Haken mit großer Biegung und langer Spitze.

Vor dem Angelbeginn sind die Hakenspitzen zu kontrollieren. Wenn sie an den Fingernägeln greifen, sind sie gut. Merke: die meisten Haken sind bei weitem nicht so spitz wie sie sein sollten. Ein guter Angler hält Ordnung in seinem Hakensortiment. Neue Haken liegen an einem gesonderten Platz und sind gut sortiert, so daß nicht beim Versuch einen Haken herauszuziehen ein ganzes Bündel anderer Haken mitgeht. Gebrauchte Haken werden in einem getrennten Abteil aufbewahrt. Sie müssen vor der Wiederverwendung geschliffen werden. In vielen Fachbüchern werden die sogenannten Plättchenhaken probagiert. Bei ihnen fehlt das Hakenöhr. An seiner Stelle ist der Hakenschaft zu einem Plättchen flachgedrückt. Die Schnur wird mit einem Spezialknoten angebunden, und zwar so, daß der Köder angeblich besser serviert werden kann als mit anderen Haken. Ich bin mir jedoch sicher, daß es unseren Fischen mehr oder weniger egal ist, ob sie auf einen Öhrhaken oder auf einen mit Plättchen beißen.

Schrotblei und Grundblei

Schrotblei verwendet man um die Schnur so zu beschweren, daß der Schwimmer richtig ausbalanciert ist und der Haken in der gewünschten Tiefe fischt. Für das Angeln auf Grund ohne Schwimmer werden Grundbleie (Kugel-Birnen-Lotblei etc.) oder große Schrotbleistückchen verwendet. Als Schrotblei bezeichnet man kleine Bleikugeln, die in der Mitte gespalten sind. Die Schnur wird in den Spalt eingelegt

Man überprüfe vor dem Kauf den Inhalt von Schrotbleidosen. Es kommt vor, daß über die Hälfte der Bleie wie das Exemplar ganz links aussehen (Spalt nicht in der Mitte) und damit unbrauchbar sind.

und das Blei mit den Fingern zusammengedrückt. Es sitzt dann fest auf der Schnur. Heutzutage wird oftmals so hartes Blei verkauft, daß es kaum mehr mit den Fingern zusammengepreßt werden kann, sondern die Zähne oder eine Zange in Aktion treten müssen. Dabei wird jedoch leicht die Schnur beschädigt. Vor allem deutsches Schrotblei ist oft zu hart. Englische Produkte dagegen sind meist weich.

Man sollte das Schrotblei schon im Fachgeschäft auf seine Härte überprüfen und nur das weichste mitnehmen. Achte auch auf die Schlitze in den Bleikugeln. Sie müssen in der Mitte sein. Manchmal erwischt man Dosen mit Schrotblei, deren Inhalt zu 50% falsch geschlitzt ist.

Für das Angeln am Grund sind Laufbleie am zweckmäßigsten. Sie können Birnen-, Kugel- oder Olivenform haben. Im Kapitel Bodenangeln werden Geschirre mit verschiedenen Grundbleiarten gezeigt (s. Seite 26).

18

Schwimmer

Grundangeln kann man mit Schwimmer oder mit dem Bodengeschirr ohne Schwimmer. Das Angeln mit Schwimmer ist meiner Meinung nach die spannendste Fangmethode. Es gibt nichts schöneres, als sich in den Anblick eines Schwimmers zu vertiefen, der auf der Strömung dahin reitet, oder Kreise auf der ruhigen Seeoberfläche erzeugt. Oftmals ist jedoch die Bodenfischerei ohne Schwimmer erfolgreicher, vor allem bei windigem Wetter.

Der Schwimmer, auch Pose oder Floß genannt, erfüllt wichtigere Aufgaben als nur das Auge zu erfreuen. Er sorgt dafür, daß der Köder in der gewünschten Tiefe angeboten wird und dient als Blickfang für den Angler. Der Schwimmer darf nicht zu weit über die Wasseroberfläche herausragen, da der Fisch, wenn er zuviel Widerstand spürt, den Haken wieder ausspuckt. Der Schwim-

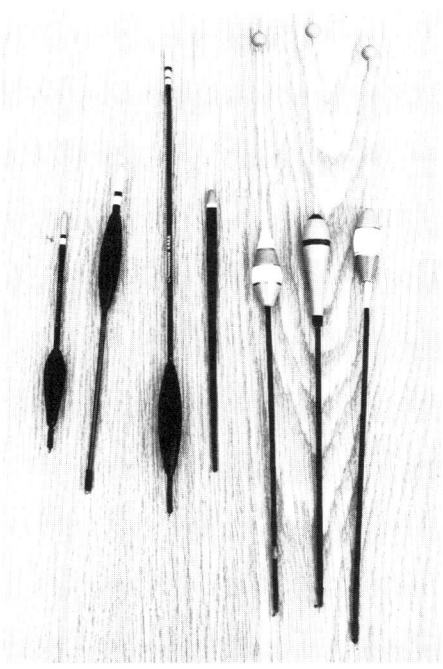

Links: englische Schwimmertypen – rechts: französische Schwimmertypen.

mer soll, wenn notwendig, auch weit zu werfen sein. Zudem muß er gut im Wasser stehen ohne jedoch in den Wirbeln eines Fließgewässers nach unten gezogen werden. Eine seiner wichtigsten Aufgaben ist die Bißanzeige. Das leiseste Zupfen des Fisches muß sichtbar sein. Man darf den Schwimmer jedoch nicht zu stark belasten, da ansonsten »falscher Alarm« gegeben wird.

Die meisten Angler haben sicherlich schon einmal den traditionellen eiförmigen Hechtschwimmer ausprobiert, wenn sie auf Plötze, Brachse oder andere Friedfische aus waren. Die Fische gehen zwar an den Köder, fangen jedoch an, den Angler zu necken. Sie zupfen vorsichtig am Haken, und saugen den Köder ab, ohne daß man es merkt. Auf einen Biß kann man lang warten. Man wechselt dann als erstes

19

die Haken gegen kleinere aus. Das hilft einige Zeit. Bald steht man jedoch wieder vor der gleichen Situation: Die Fische »putzen« zwar den Haken, beißen aber nicht. Schuld daran ist der ungeeignete Schwimmer. Beim Grundangeln kommt es darauf an Schwimmer zu verwenden, die zwar gut zu sehen sind, die aber trotzdem nicht so groß sind, daß sie durch ihren Widerstand den Fisch verschrecken.

Richtige Schwimmerwahl

Schwimmer können in einige Grundtypen eingeteilt werden, die für jeweils unterschiedliche Verhältnisse geeignet sind. Wenn der Fangplatz 30−40 m vom Ufer entfernt liegt, leuchtet es ein, daß ein Schwimmer benötigt wird, den man weit werfen kann.

Diesen Schwimmertyp wird man nicht gebrauchen, wenn direkt am Ufer oder in Nähe von Schilfrändern gefischt wird. Im Flachwasser benutzt man andere Schwimmer als in 4−5 m Tiefe. Im Fließgewässer muß Sorge getragen werden, daß der Haken am Boden fischt und der Schwimmer nicht von Wirbeln abgesaugt wird. Man muß den Schwimmer so beschweren, daß der Haken voraus oder direkt unter dem Schwimmer dahin treibt. Es ist daher offensichtlich, daß man für verschiedene Angelarten nicht den gleichen Schwimmer verwenden kann.

Bei den gebräuchlichen Schwimmern handelt es sich in der Regel entweder um englische, deutsche oder französische Fabrikate. Die englischen Schwimmer, meist aus Naturmaterialien (z. B. Balsa), sind fast durchwegs

Die Schwimmer sollten in einem schlagfesten Etui aufbewahrt werden.

Schwimmer ohne Ösen werden mit zwei Gummiringen an der Schnur befestigt.

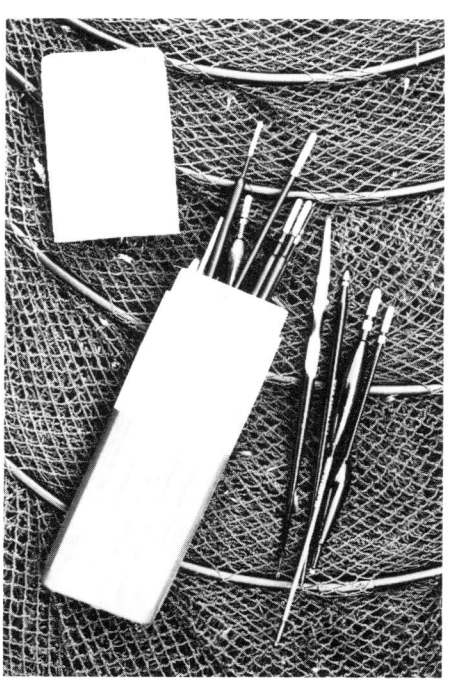

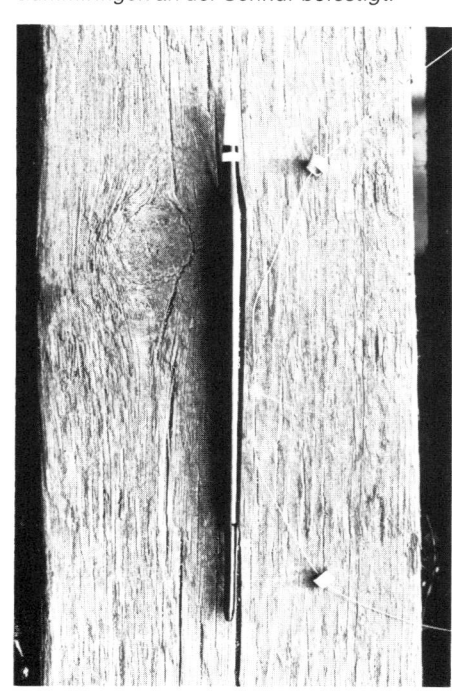

20

Spezialposen und eignen sich vorzüglich zum Grundangeln. Französische Schwimmer, aus Balsa oder Kork, sind meist Antennenfloße. Man kann sie sehr vielseitig verwenden. Ihre gute Schwimmfähigkeit ist auf die natürlichen Grundstoffe zurückzuführen. Sie sind phantasievoll und farbenprächtig bemalt und fangen gut. Die deutschen Fabrikate bestehen meist aus Kunststoff und haben unterschiedliche Formen und Schwimmeigenschaften.

Floße aus Balsaholz haben ein sehr gutes Schwimmvermögen. Man kann sie stärker beschweren als alle anderen Schwimmertypen gleicher Größe. Sie reagieren empfindlich schon auf das leiseste Schnappen, welches auf das Schwimmerstäbchen aus Bambus oder Federkiel übertragen wird. Einige Balsaschwimmer besitzen ein eingebautes Wurfgewicht und lassen sich besonders gut werfen.

Schwimmerbeschwerung

Es passiert beim Wurf mit dem Schwimmer leicht, daß sich das Vorfach in der Schnur verwickelt, wenn es nicht stärker beschwert ist als der Schwimmer. Um gut werfen zu können, empfiehlt es sich das Bleischrot weit unten am Vorfach zu befestigen. Noch besser wirft man jedoch, wenn man zusätzlich ein paar »Steuerschrote« direkt unterhalb des Schwimmers anklemmt. Er ist dann darüber hinaus gut ausbalanciert und stellt sich im Wasser sofort auf, so daß er bereits einen Biß auf den noch absinkenden Köder anzeigt.

Verteilt man die Bleischrote dergestalt auf der Leine, daß große Schrote oben, kleine unten sitzen, so steht der Schwimmer optimal im Wasser und zeigt die kleinsten Bewegungen am Köder an.

Beginnt der Schwimmer zu zittern, auf und abzuhüpfen oder hin- und her zu schwanken, so ist dies ein Zeichen, daß ein Fisch den Köder aufgespürt hat. Der Zeitpunkt für den Anhieb richtet sich nach der Fisch- und nach der Hakengröße. Bei einem großen Wurm an einem 6er Haken kann, bevor der Fisch ihn abschluckt, der Schwimmer mehrere Male zum Wippen kommen. Hier sollte man sich mit dem Anhieb etwas Zeit lassen. Anders wenn man mit kleinem Haken und Köder auf scheue Fische, beispielsweise Plötzen ansitzt. Hier erfolgt der Anschlag sofort bei der ersten kleinen Bewegung der Pose.

Fester Schwimmer und Gleitschwimmer

Es gibt zwei Hauptgruppen von Schwimmern. Solche, die fest auf der Schnur sitzen und sog. Gleitfloße, die auf der Schnur hin und her gleiten können und die man mittels eines Stopperknotens an gewünschter Stelle aufhält. Es hängt von der Angelart ab, welches Floß man verwendet.

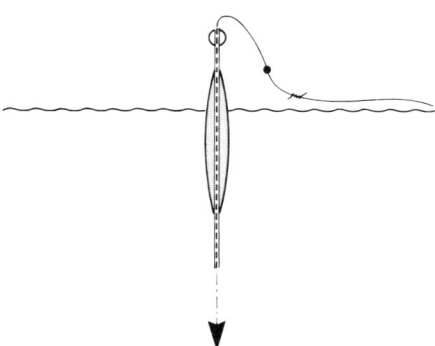

So funktioniert ein Gleitfloß mit Innenschnur: Eine kleine Glas- oder Plastikperle wird auf die Schnur gefädelt, bevor diese durch den Schwimmer gesteckt wird. Oberhalb der Perle wird ein Stopper-Knoten an die Schnur gebunden und je nach gewünschter Angeltiefe auf der Schnur verschoben. Viele Schwimmer, die mit einer oder zwei Metallösen ausgestattet sind, können als Gleitschwimmer mit Außenschnur benutzt werden.

21

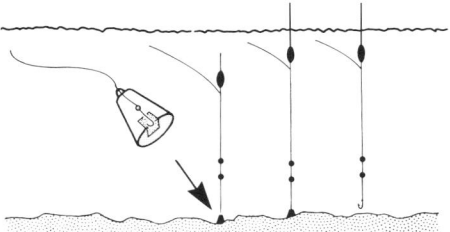

Die meisten Friedfische fängt man am Boden. Der Schwimmer muß daher so justiert werden, daß der Haken am oder direkt über dem Boden fischt. Zum Einstellen verwende man spezielle Lotbleie oder ein normales Grundblei, das am Haken befestigt werden kann. Ist die »Schwimmertiefe« zu gering eingestellt, so wird der Schwimmer unter Wasser gezogen. Ist die Leine zu lang, legt sich der Schwimmer aufs Wasser. Bei richtiger Tiefeneinstellung schaut nur die Schwimmerspitze aus dem Wasser. Erst danach wird das Vorfach mit Schrotblei austariert.

Abb. rechts: Zwei verschiedene Lotbleie zum Einstellen der Angel.

Benützt man Antennenfloße als festsitzende Schwimmer, werden zwei Schrotbleie jeweils rechts und links der Schwimmeröse festgeklemmt.

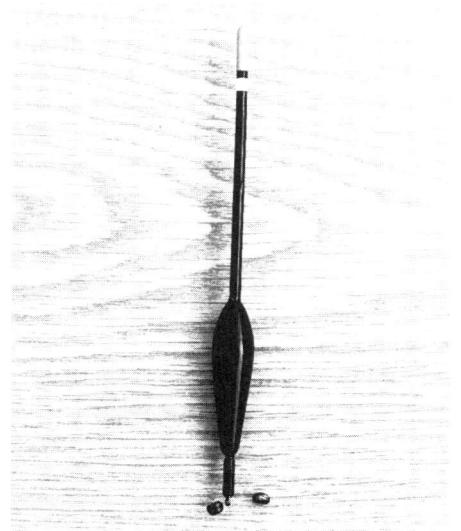

Festsitzende Schwimmer sind ideal, wenn man mit einer langen Rute von 300−400 cm in Wassertiefen bis zu 1,5 m angelt. Wenn man nur eine kurze Spinnrute hat, scheidet der feste Schwimmer jedoch aus sobald ein etwas längeres Vorfach verwendet wird. Der feste Schwimmer wird oben und unten mit zwei kleinen Gummiringen an der Leine befestigt. Dabei wird die Leine durch die beiden Ringe gesteckt und anschließend der Schwimmer befestigt.

Es gibt auch Schwimmer, die am unteren Ende eine kleine Metallöse haben. Man kann sie als festsitzende Floße verwenden, indem die Leine durch die Öse geführt und mit zwei Splitschroten auf beiden Seiten der Öse festgeklemmt wird. Dieser Schwimmertyp hat sich beim Angeln im Fluß und bei unruhigem Wetter bewährt. Da die Schnur unter Wasser gehalten wird, kann sie nicht vom Wind verdriftet werden. Der Schwimmer mit Öse kann natürlich auch mittels eines Gummibandes oberhalb der Öse befestigt werden.

Gleitschwimmer kommen zum Einsatz, wenn in Wassertiefen von mehr als 1,5−2 m gefischt wird.

Gleitposen können auf der Schnur hin und her gleiten. Die gewünschte Angeltiefe stellt man folgendermaßen ein: Bevor die Schnur durch die Schwim-

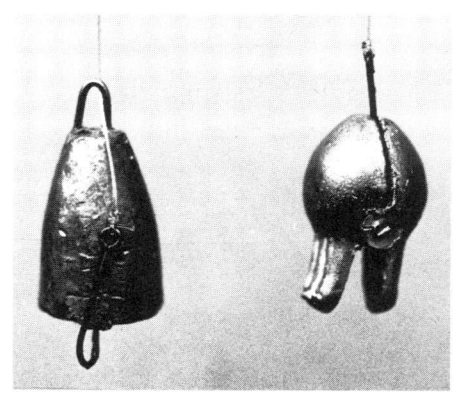

meröse (Außenschnur) – oder Öffnung (Innenschnur) geführt wird, fädelt man eine kleine Plastikperle auf. Oberhalb der Perle bindet man aus einem Stückchen Nylonschnur einen Stopperknoten in die Angelleine. Dieser wird solange auf der Schnur verschoben, bis die gewünschte Angeltiefe eingestellt ist. Der Stopperknoten kann ohne weiteres mit auf die Rolle aufgespult werden. Schwimmer und Perle gleiten vor dem Wurf an der Schnur hinunter, bis sie am obersten Schrotblei des Vorfaches anstoßen. Nach dem Auswerfen gleitet die Leine so lange durch die Schwimmeröffnung, bis sie vom Stopperknoten, der an der Perle anstößt, aufgehalten wird. Die Perle wiederum steht an der Schwimmeröffnung an. Es liegt auf der Hand, daß die Öffnung der Perle so klein sein muß, daß der Stopperknoten nicht durchrutschen kann. Auf der anderen Seite muß sie jedoch weit genug sein, daß die Schnur leicht hin und her gleitet.

Nach dem gleichen Prinzip arbeiten auch die Gleitschwimmer, bei welchen die Schnur durch zwei Ösen läuft. Schwimmer mit nur einer Öse am unteren Ende können sowohl als Gleit- als auch als Festschwimmer benutzt werden.

Es gibt unendlich viele Schwimmertypen. Für jedes Gewässer – große, kleine Seen, Bäche, Flüsse – für jedes Wetter, für weite und kurze Würfe hat das Angebot einen Extraschwimmer bereit. Zum normalen Grundangeln braucht man jedoch um erfolgreich zu sein, nicht jeden Spezialschwimmer. Es genügt, wenn man 3 bis 4 Schwimmertypen hat und weiß wie sie einzusetzen sind.

Federkiel- und Stachelschweinpose

Die länglichen Federkiel- und Stachelschweinposen werden für kurze Wurfdistanzen und flaches Wasser herge-

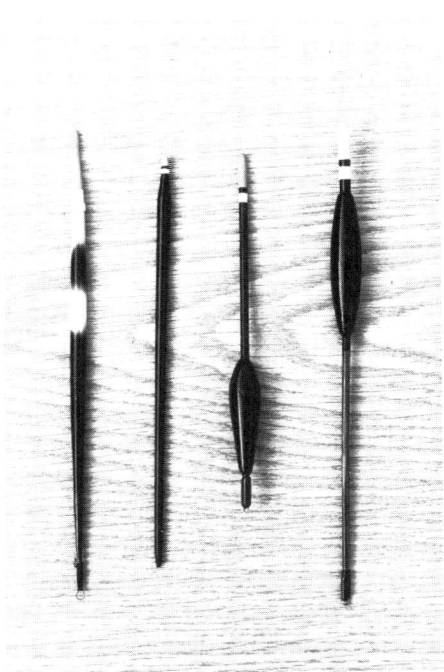

Vier Schwimmertypen, die man kennen sollte – von links nach rechts: Stachelschwein- oder Federkielpose, Balsafloß und Antennenfloß. Ganz rechts ein Avon-Schwimmer.

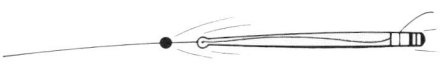

Die Stachelschweinpose eignet sich gut für stille, flache Gewässer und kurze Wurfweiten. Mit einem kleinen Bleischrot versehen, läßt sich die Pose kontrollierter werfen.

nommen. Man befestigt sie mit zwei Gummiringen an der Leine und setzt sie als festsitzende Schwimmer ein. Die größeren Federkielschwimmer sind in der Regel aus Pfauenfedern, die kleinen aus Krähenfedern gefertigt. Stachelschweinposen werden, wie schon der Name sagt, aus Stachelschweinstacheln hergestellt.

23

In Fließgewässern setzt man zur Schwimmerbeschwerung ein Bleischrot möglichst weit unten auf das Vorfach. In stehenden Gewässern empfiehlt sich ein größeres Steuerschrot direkt unterhalb der Federkielpose und ein kleineres weiter unten am Vorfach.

Balsaschwimmer

Wenn für weitere Würfe viel Gewicht erforderlich ist, greift man am besten zum Balsaschwimmer. Wegen seiner guten Tragkraft kann er stark belastet werden. Balsaschwimmer gibt es sowohl als Gleitschwimmer für Außenschnur, mit einer oder zwei Metallösen, als auch als festsitzende Schwimmer.

Antennenschwimmer

Nach weiten Würfen ist der Schwimmer oftmals kaum noch zu sehen. Dieses Problem löst der Antennenschwimmer. Die lange Antenne ist weithin sichtbar und zeigt auch über große Entfernung das Schnappen des Fisches an. Englische Antennenflöße besitzen einen Balsakörper und sind damit für größere Wurfdistanzen brauchbar. Der Antennenschwimmer kann als Fest- oder Gleitfloß benutzt werden. Die Schnur wird durch die Öse am unteren Ende des Schwimmers geführt. Sie bleibt damit unter Wasser und ist Wind und Oberflächenströmung nicht ausgesetzt.

Französische Schwimmer besitzen oftmals eine »rote Beere« als Antennenspitze. Sie registrieren das Zupfen des Fisches nicht ganz so fein wie die englischen Posen.

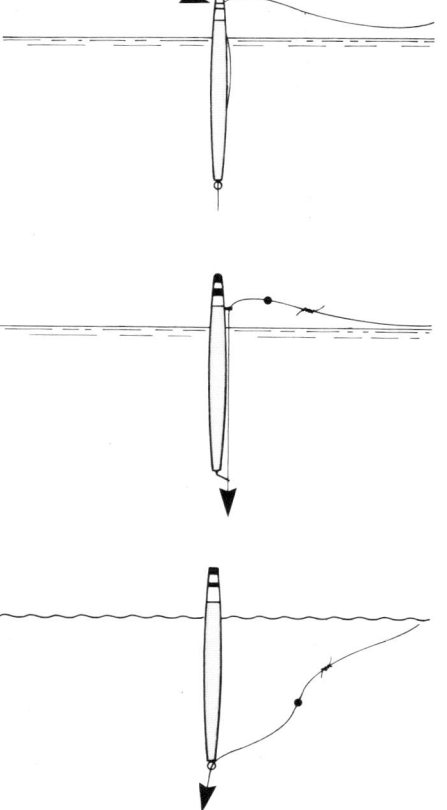

Oben: Balsafloß als Festschwimmer montiert. Die Schnur ist durch die Öse am unteren Schwimmerende geführt und wird oben mit einem Gummiring festgeklemmt. Die meisten Schwimmer, mit Ausnahme der Antennenflöße können auf gleiche Weise befestigt werden.

Mitte: Balsafloß als Gleitschwimmer mit Perle und Stopper-Knoten montiert. Der Schwimmer eignet sich gut für mittlere Wurfweiten, sollte jedoch nicht in schnellfließenden Gewässsern und bei unruhigem Wetter (Wellen) verwendet werden. Manche Schwimmer, so der hier gezeigte, besitzen zwei Ösen. Hier wird die Schnur durch beide Ösen geführt.

Unten: Bei Wind und Wellen empfiehlt sich, die Schnur nur durch die untere Öse zu führen. Dadurch wird der Schwimmer weniger durch den Wind beeinträchtigt.

24

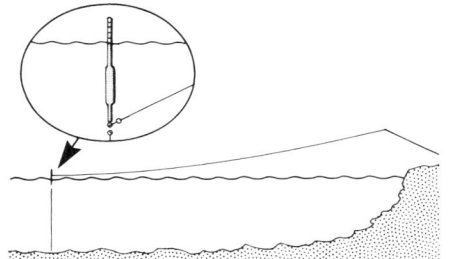

Antennenfloße sind gut für große Wurfweiten. Die Schnur wird immer unten am Schwimmer befestigt.

Abb. unten: So setzt man das Antennenfloß ein: Man wirft aus, strafft die Schnur und hält bei windigem Wetter die Rutenspitze unter Wasser, damit der Wind nicht an der Schnur angreifen kann.

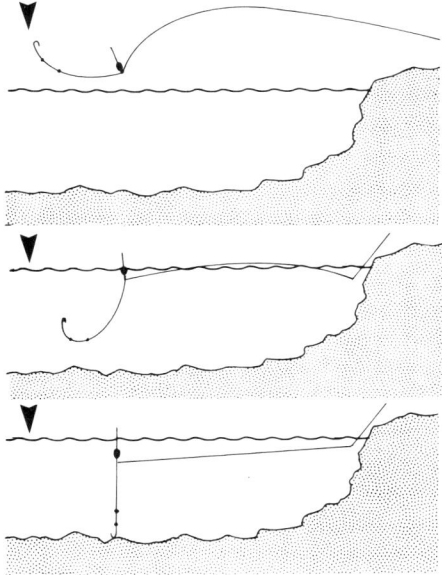

Abb. oben rechts: Im Fließgewässer ist der Avonschwimmer hervorragend. Durch den hochliegenden Schwimmerkörper wird er in Wirbeln nicht nach unten gesaugt. Er kann stark beschwert und gut austariert werden.

Abb. unten rechts: Schwimmertypen für verschiedene Wurfweiten: Federkiel- oder Stachelschweinpose für kurze, Balsaschwimmer für mittlere und Antennenschwimmer für weite Würfe.

Avon-Schwimmer

Beim Angeln in Flüssen muß das Gerät auf die Strömungsverhältnisse eingestellt werden. Wasserwirbel wirken auf die Schnur ein, der Schwimmer wird unruhig und gibt »Fehlalarm«. Bei gestraffter Leine kann es passieren, daß der Schwimmer sogar unter Wasser gezogen wird. Für solche Verhältnisse wird ein Schwimmer benötigt, dessen Verdickung weit oben sitzt und der viel Bleibeschwerung verträgt. Dieser Schwimmertyp wird nach einem berühmten englischen Fluß Avon-Schwimmer genannt. Avon-Schwimmer, die sowohl festsitzend als auch gleitend gefischt werden können, haben sehr gute Tragkraft und bleiben auch in stärkerer Strömung immer an der Oberfläche.

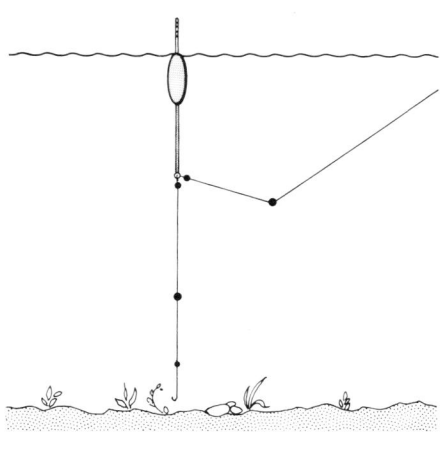

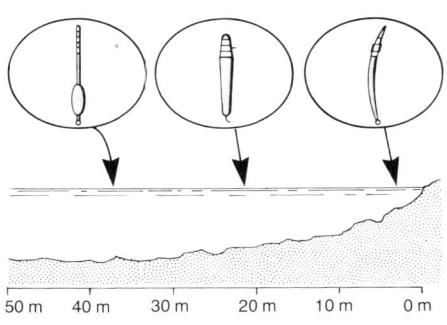

| 50 m | 40 m | 30 m | 20 m | 10 m | 0 m |

Bodenangeln

Ob das Angeln am Gewässerboden ohne Floß, wie manche glauben, wirklich weniger aufregend ist als das Floßangeln, mag dahingestellt bleiben. Tatsache ist jedoch, daß bei bestimmten Verhältnissen die Bodenangel der Floßangel vorzuziehen ist. So beispielsweise bei sehr großen Distanzen zwischen Ufer und Fangplatz oder bei schlechter Sicht bzw. beim Nachtangeln, wenn Schwimmer ohnehin schlecht oder nicht mehr zu sehen sind. Gleiches gilt für starken Wind und hohe Wellen, Verhältnisse also, welche Floßangeln nicht gerade begünstigen.

Ein gutes Fanggeschirr am Boden stellt die Paternosterangel dar. Es handelt sich dabei um ein System mit Endblei und einer oder mehreren Seitenangeln (Armen). Für beißfreudige Fische sind die normalerweise verwendeten Seitenarme von 18−20 cm Länge ausrei-

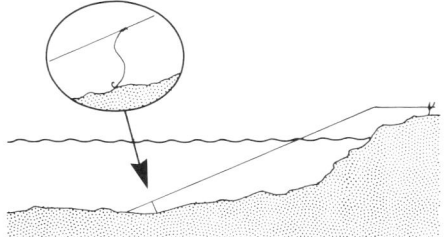

Sind die Fische beißfreudig, verwende man kurze Armschnüre am Paternostergeschirr.

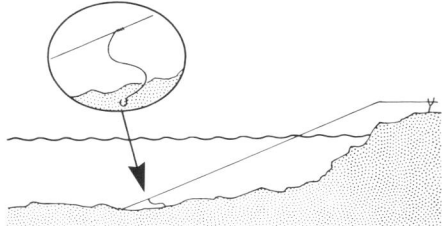

Reagieren die Fische träge, sind längere Armschnüre erforderlich. Vorfach und Haken sollten am Boden aufliegen.

Brachsen an der Paternosterangel.

26

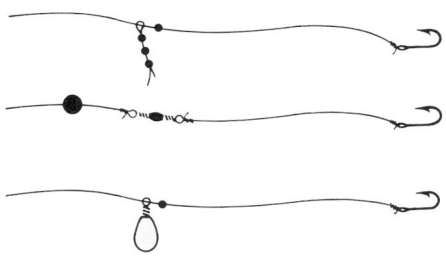

Bodengeschirr mit Gleitblei: Ganz oben stellen Schrotbleie auf einer Schnurschlinge das Gleitblei dar. In der Mitte wird ein normales Kugelblei und unten eine sog. Arlesey-Bombe gezeigt. Als Stopper für das Blei dient ein Wirbel oder ein Schrotblei. Bei Verwendung eines Gleitgeschirres kann der Fisch Schnur abziehen, ohne Widerstand zu spüren.

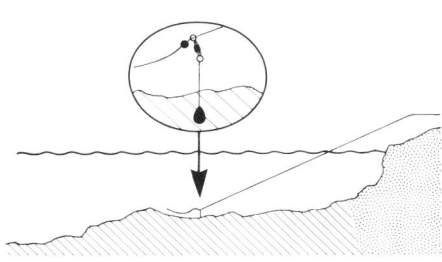

Bodengeschirr für weichen Schlammgrund. Zwischen Blei und Gleitwirbel wird ein kurzes Schnurstück eingebunden.

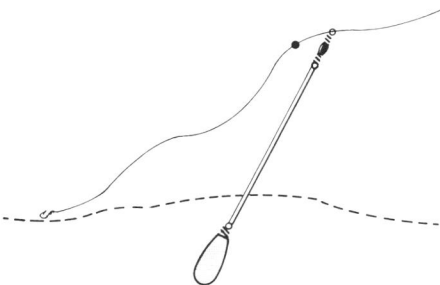

Die obige Anordnung kann noch durch Verwendung eines dünnen Plastikrohres, das man auf das zwischengeschaltete Schnurstück steckt, verbessert werden.

chend. Um vorsichtige Fische zu überlisten, empfiehlt sich längere Armschnüre von 30–50 cm einzusetzen.

Eine weitere Methode ist der Fang mit dem Bodenblei, das als Gleitblei (Laufblei) verwendet wird. Dabei kann der Fisch, wenn er den Köder nimmt, Schnur abziehen ohne Widerstand zu spüren. Wie das Gleitgeschirr funktioniert, geht aus der Zeichnung hervor. Es werden meist Birnen- oder Kugelbleie benutzt. Ein besonders einfaches Laufblei für kürzere Wurfdistanzen stellen einige große Schrotbleie dar, die an eine Nylonschlinge geklemmt an die Hauptschnur gehängt werden (siehe Zeichnung ganz oben). Wenn auf besonders weichem Boden gefischt wird, kann es vorkommen, daß die normale Laufbleivorrichtung im Schlamm versinkt, so daß der Köder nicht mehr sichtbar ist. Ein 15–30 cm langes Schnurstück, das zwischen Grundblei und Laufwirbel angebunden wird, schafft hier Abhilfe. Nun sinkt nur noch das Blei ein, Vorfach und Haken jedoch bleiben oben auf liegen.

Bißanzeiger

Die Aufgabe des Schwimmers übernimmt beim Bodenangeln der sogenannte Bißanzeiger. Der einfachste Bißanzeiger ist die Rutenspitze. Voraussetzung ist allerdings, daß die Schnur in einem Winkel zur Rute verläuft. Auch ist diese Bißanzeige nicht sehr »sensibel« und wird besonders bei steiferen Ruten leicht übersehen.

Bessere Anzeigen liefert ein kleines Stückchen Silberpapier oder Alu-Folie. Nach dem Auswerfen – die Leine ist bereits gestrafft und die Rute liegt in der Halterung – wird das abgeknickte Silberpapier zwischen Rolle und erstem Laufring auf die Schnur gelegt. Beim Biß sieht man die Bewegung des Papierstückchens. Je nachdem in welcher

27

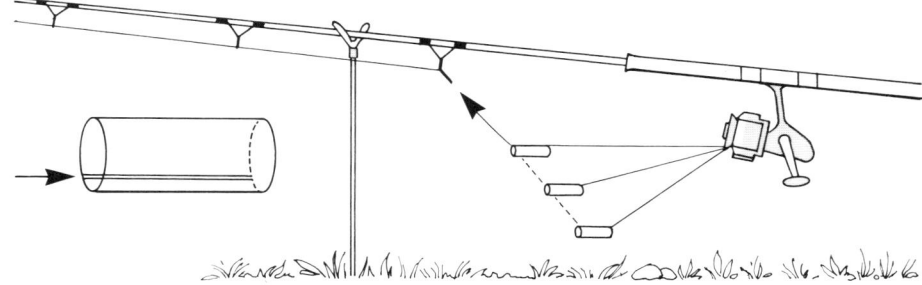

Ein geschlitztes Pappröhrchen als Bißanzeiger. Es wird zwischen Rolle und erstem Laufring auf die Schnur gelegt.

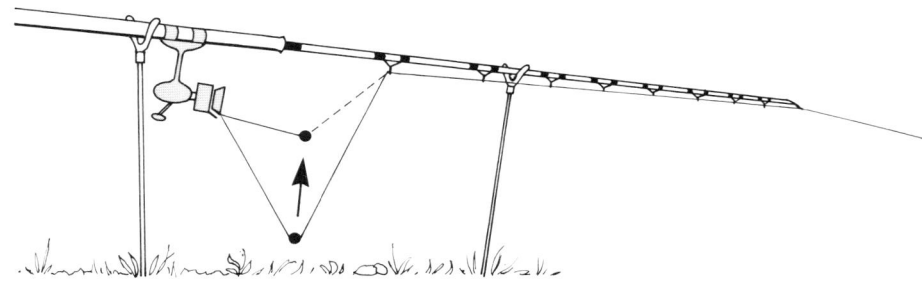

Bei windstillem Wetter ist ein Stückchen Silberpapier, das auf die Schnur gelegt wird, ein hervorragender Bißmelder.

Richtung der Fisch mit dem Köder davonzieht, wird es angehoben oder sinkt ab. Der Silberpapieranzeiger funktioniert nur bei Windstille gut. Bei Wind wird er leicht von der Leine herabgeweht. Für windiges Wetter verwendet man statt dessen kleine Papier- oder Papperöhrchen, die an gleicher Stelle über die Schnur gehängt werden (siehe Abb.). Der Auf- oder Abbewegung des Anzeigers sollte dann ein richtig »getimter« Anhieb folgen. Bei Verwendung großer Köder muß dem Fisch etwas Zeit gelassen werden. Bei kleinen Ködern sollte der Anhieb augenblicklich erfolgen. Dies sind natürlich nur recht allgemeine Angaben zum Zeitpunkt des Anhiebes. In der Praxis gehen meist einige Fehlversuche voraus, bevor man den richtigen Zeitpunkt für den Anhieb herausgefunden hat.

Kescher

Um größere Fische fachgerecht anlanden zu können, ist ein Kescher erforderlich. Für gut zugängliche Ufer ohne Hindernisse unter Wasser ist ein normaler Kescher mit kurzem Stiel ausreichend. Verhindern Wasserpflanzen oder Schilf, daß man den Fisch bis ganz ans Ufer heranführt, so sollte ein Kescher mit Teleskopstiel zur Verfügung stehen. Es ist dabei zweckmäßig schon vor Angelbeginn den Kescherstiel auf die erforderliche Länge auszuziehen. Ist der Fisch einmal an der Angel, hat man meist keine Zeit mehr dazu.

Setzkescher

Setzkescher sind zusammenlegbare engmaschige Netze, die meist über

Setzkescher (links im Bild) sind vor allem beim Wettfischen unentbehrlich. Auch beim normalen Angeln kann man sie gut zum Hältern gefangener Fische gebrauchen.

mehrere Ringe gespannt sind. Sie werden am Angelplatz ins Wasser gehängt um gefangene Fische, die man aufbewahren und später eventuell wieder zurücksetzen will, lebend zu hältern. Vor allem beim Wettfischen sind Setzkescher unentbehrlich.

Hauptforderung an einen Setzkescher ist: Er muß so groß und geräumig sein, daß auch mehrere Fische längere Zeit ohne Verletzungsgefahr darin gehalten werden können. Es passiert leider allzu häufig, daß Angler am Ende ihres Fangtages ihre prall gefüllten, weil viel zu kleinen Setzkescher entleeren und dabei eine Reihe fast toter Fische wieder ins Gewässer zurückwerfen. Nicht nur aus Gründen der Fischgerechtigkeit verbieten sich kleine Setzkescher. Auch der Fangerfolg kann beeinträchtigt werden, da die zusammenge-

pferchten Fische durch heftige Schwanzschläge ihre noch freilebenden Artgenossen gleichsam warnen.

Ein Setzkescher sollte ca. 3 m lang sein und eine große Öffnung aufweisen. Er wird so ausgelegt, daß er völlig gestreckt und an allen Stellen von Wasser bedeckt ist. Die meisten guten Setzkescher werden zusammen mit einem Metallstab geliefert, der in den Boden gesteckt als »Netzbefestigung« dient.

Rutenhalter

Grundangeln ist ein Geduldsspiel. Meist bringt, vor allem wenn es auf Schleie, Karpfen oder Brachse geht, nur stundenlanges Ansitzen Erfolg. Es wäre ermüdend die Rute dabei ständig in der Hand zu halten. Sie einfach auf

den Boden zu legen, hieße jedoch so manchen guten Fisch verloren zu geben. Deshalb verwendet man Rutenhalter. Diese kann man sich ohne weiteres selbst aus Astgabeln herstellen. Für Anspruchsvollere gibt es im Fachhandel jedoch auch verstellbare Rutenhalter in verschiedensten Ausführungen.

Abb. links: Verschiedene Rutenhalter: Rechts eine einfache Astgabel. Ganz links ein Rutenhalter mit Laufrille für die Schnur. Damit wird beispielsweise beim Angeln mit Gleitgeschirr gewährleistet, daß die Schnur frei abgezogen werden kann.

30

Rotfeder

Rotfeder und Schleie gehören zu meinen liebsten Angelfischen. Sie haben ähnliche bronzefarbene Grundtönung der Haut. Besonders auffällig sind die leuchtend rot gefärbten Flossen der Rotfeder. Mit dem Fang dieses Fisches verbinden sich bei mir Gedanken an warme Hochsommertage, mit schwirrenden Insekten über dem Wasser, nach denen die Rotfedern schnappen.

Fangplätze und Lebensweise

Die Rotfeder bevorzugt nährstoffreiche Gewässer mit dichten Unterwasserpflanzenbeständen. Man findet sie sowohl in Seen, Teichen und Mooren als auch in Altwässern und Stillwasserzonen von Flüssen. Während sich Plötzen wie Hasel vor allem in Bodennähe aufhalten, geht die Rotfeder gerne an die Wasseroberfläche oder auch in die Freiwasserzone. Die Rotfeder neigt, verglichen mit unseren übrigen Fischen, am meisten zu vegetarischer Kost. Ihre Hauptnahrung besteht aus Blättern von Unterwasserpflanzen, Blattstielen, Samen und anderen Pflanzenbestandteilen. Daneben frißt sie jedoch auch Insekten, Schnecken, Fischlaich und Fischbrut.

Die Größe der Rotfedern hängt von den Umweltbedingungen ab. In nahrungsarmen Gewässern gibt es oftmals viele, dafür aber sehr kleinwüchsige Rotfe-

Eine Rotfeder mit 500 g aus einem nahrungsreichen See.

31

Rotfedern sind weit verbreitet. Sie erfreuen den Angler durch ihre Beißfreudigkeit und ihre hübschen Farben.

dern. In Gewässern mit günstigen Nahrungs- und Raumverhältnissen können die Fische bis 1 kg schwer werden. Hin und wieder wurden auch schon »Riesenrotfedern« von 1,5–2 kg angelandet. Vor allem in guten Hechtgewässern findet man oft schnellwüchsige, große Rotfedern. Die Raubfische räumen unter den jungen Fischen auf und verhindern damit, daß sich zu dichte Bestände entwickeln. Für die »Überlebenden« steht viel Raum und Nahrung zur Verfügung. Kleinere Rotfedern versammeln sich meist zu großen Schwärmen, während man große Fische einzeln oder in Gruppen von 3–5 Exemplaren antrifft. Die Großen halten sich meist am Gewässergrund auf und leben vorwiegend von Insektenlarven, Würmern, Muscheln, Schnecken und Wasserpflanzen.

Die besten Fangchancen bieten sich dem Grundangler in kleinen Seen mit dichten, bis an die Oberfläche reichenden Unterwasserpflanzen. Die Aufenthaltsorte bzw. Fangplätze sind fast immer identisch mit den Bewuchszonen. Rotfedern sind wärmeliebend. Aus dieser Eigenschaft sind Hinweise auf mögliche Aufenthaltsorte und die Beißfreudigkeit der Fische abzuleiten. In größeren Seen bevorzugen sie demzufolge stille, windgeschützte Buchten oder Uferbereiche mit ablandigem Wind (der Wind bläst aus Richtung Land in Richtung See).
An sonnigen Tagen bewegen sich die Fische tagsüber in den besonders stark aufgeheizten oberflächennahen Wasserschichten. Bei tiefstehender Sonne und in der Dämmerung gehen sie weiter hinunter in mittlere Tiefen. Nachts

Mit dem »spitzen« Maul »grasen« die Rotfedern den Boden nach Nahrung ab.

klebt. Noch besser eignet sich ein gut durchgekneteter Mehlkleister. Die Fische sprechen auf weiße Köder sehr gut an. An dritter Stelle stehen kleine Kompostwürmer (Rotwürmer) und Würmer wie sie im Waldboden (Mooswürmer) zu finden sind. Auch Stücke von großen Regenwürmern werden gerne genommen. Beim Wettangeln, wenn lange Zeit über immer am gleichen Platz gefischt werden muß, haben sich kleine Würmer und Maden als die fängigsten Köder erwiesen.

Ist festzustellen, daß die Beißlust der Rotfedern während des Angelns zusehens abnimmt, geht man zu kleineren Haken und Köderstückchen über. Weißbrot, Mehlkleister und Würmer werden normalerweise an Haken der Größen 10−14 angeboten. Werden Maden angeködert, so sind Hakengrößen 14−18 angebracht. Auf besonders große Rotfedern fischt man mit Haken Nr. 4−8.

Anfüttern

und auch an kühlen, düsteren Tagen findet man sie dagegen in Nähe des Gewässergrundes, oft in ufernahen Bereichen.

Am beißfreudigsten sind Rotfedern im Sommer während längerer Wärmeperioden und auch direkt nach der Laichzeit (Mai) solange sie sich im Flachwasser aufhalten. Im Winter sind die Fische ausgesprochen inaktiv, man kann den Zustand fast als Winterschlaf bezeichnen. Sie sind im Gegensatz zu Rotauge und Hasel für den Angler zu dieser Zeit nicht interessant.

Köder

Der einfachste Köder ist frisches Weißbrot. Es wird angefeuchtet zu Kügelchen geknetet und auf den Haken ge-

Anfüttern ist notwendig, wenn die Fische stark verstreut stehen oder so weit vom Angelplatz entfernt sind, daß genaue Würfe unmöglich sind. Rotfedern sind relativ leicht anzufüttern. Um die Fische näher herauszulocken verwendet man ein sogenanntes Grundfutter (siehe Kapitel über Anfüttern, Seite 85) in das kleine Stückchen von Würmern, Maden, Weißbrot oder auch Maiskörner und Haferflocken eingemischt wurden. Aus der Mischung werden Futterkugeln in Golfballgröße hergestellt. Wenn die Fische nicht zu weit entfernt sind, kann auch mit losem Futter geworfen werden. Die Futterkugeln sollen, was das Füttern in stehenden Gewässer angeht, so beschaffen sein, daß sie beim Aufprall auf dem Wasser zerplatzen und die Einzelbestandteile verstreut zu Boden sinken. Ob die Konsistenz der Ku-

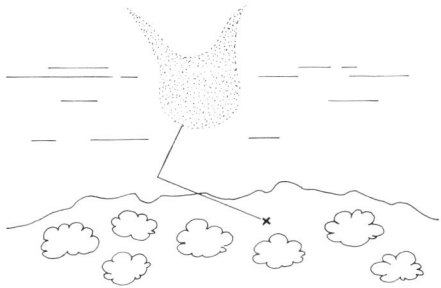

Durch Anfüttern lockt man Rotfedern in Ufernähe. Dazu werden feine Lockspuren bis zum Fangplatz gelegt. Dort erhöht man die Futtermenge.

Angelstrategie

Solange sich die Rotfedern in den oberen Wasserschichten aufhalten, wird der Schwimmer so justiert, daß der Köder möglichst langsam nach unten sinkt. Hierzu werden die Bleischrote dicht unterhalb des Schwimmers angebracht. Auf diese Weise zeigt der Schwimmer das Zuschnappen des Fisches schon an, falls dieser auf den noch absinkenden Köder beißt. Gerade die Bewegung des Köders bringt oft die besten Bisse.

Es ist ratsam, dauernd die gleiche Stelle zu beangeln. Vorausgesetzt es wurde richtig angefüttert, kann man darauf vertrauen, daß sich die Rotfedern am »Futtertrog« eingefunden haben. Um die Fische nicht zu verscheuchen, ist es sinnvoll, einige Meter weit über den Fangplatz hinauszuwerfen und dann den Schwimmer vorsichtig zur richtigen Stelle einzuholen. Oft erfolgt der erste Biß, wenn der Haken bzw. Köder noch in Bewegung ist.

Es versteht sich, daß je nach Fischwasser unterschiedliche Floße eingesetzt werden. Bei großen Wurfdistanzen wird das Antennenfloß verwendet, am besten mit 5−15 g Schrotblei beschwert. Man denke daran, ein Steuerschrot direkt unter dem Schwimmer anzuklem-

Weißbrotteig oder Mehlkleister sind ausgezeichnete Köder für Rotfedern.

geln richtig ist, läßt sich an einer seichten Stelle in Ufernähe gut testen. Futterkugeln oder loses Futter werden so ausgeworfen, daß eine dünne Futterspur zum ausgewählten Fangplatz in Ufernähe führt. Dort wird dann mit losem Futter z. B. Dosenmais, nassen Haferflocken oder mit Grundfutter und Regenwurmstückchen weitergefüttert. Man versuchte eine größere Futtermenge an einer zum Fang besonders geeigneten Stelle zu plazieren. Es hat keinen Sinn allzu sparsam mit dem Futter umzugehen. Zu wenig Futter bedeutet schlechte Fänge. Während des Angelns füttert man, wenn es sich um Rotfedern handelt, in regelmäßigen Abständen weiter. Häufigkeit und Futtermenge richten sich nach Fischgröße, Anzahl und nach der Beißlaune.

men. Für mittlere Wurfweiten dient der Balsaschwimmer. Für die ufernahe Fischerei wird eine kleine Federkielpose benützt. Liegt die Wassertiefe über 1,5 m sind Gleitfloße angebracht.

Bodenangeln mit Grundblei ohne Schwimmer empfiehlt sich auf Rotfedern nur während kälterer Witterung. Der Fisch steht zu dieser Zeit weit ab vom Land in tiefem Wasser.

Oft geht die Rotfeder in mittleren Wasserschichten auf Nahrungssuche. Sie beißt daher gerne auf den absinkenden Köder. Man beschwere das Vorfach dicht unterhalb des Schwimmers. Dies ergibt lange, präzise Würfe. Der Köder sinkt langsam ab.

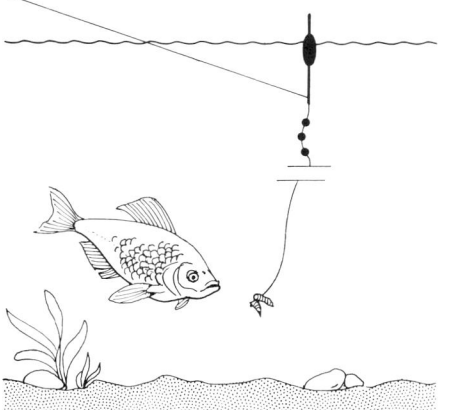

Das Angeln auf Rotfedern bringt sehr viel Spaß, da der Fisch im Laufe eines Angeltages ganz unterschiedliches Beißverhalten an den Tag legen kann. Wenn die Rotfeder beißt, verschwindet der Schwimmer meist nicht unter Wasser, sondern fängt an, an der Oberfläche zu wandern. Man muß die richtige Zeit für den Anhieb selbst herausfinden. Dafür gibt es nämlich keine Faustregel.

Da ein Rotfederschwarm leicht in Panik gebracht werden kann, ist es zweckmäßig, gehakte Fische schnellstmöglich aus dem Schwarm herauszudirigieren.

Gerät

Für das Rotfedernangeln ist kein spezielles Gerät erforderlich. Sowohl eine leichte Einhandspinnrute als auch eine richtige Grundrute von 300–400 cm Länge erfüllt den Zweck. Die Spinnrute ist für kurze Wurfweiten und hindernisfreies Wasser brauchbar. Die Grundrute ist erwiesenermaßen am vielseitigsten einsetzbar. Mit ihr sind weite Würfe sowie ein dosierter Anhieb möglich. Auch läßt sich der gehakte Fisch schnell aus dem Schwarm herausführen. Schnurführung und Schwimmerkontrolle ist im Vergleich zur Spinnrute einfacher.

35

Plötze

Die Plötze auch Rotauge genannt, ist ein Fisch mit silbriger Körperfarbe und roten Augen. Im Vergleich dazu: Rotfeder und Hasel haben gelbe Augen. Die Körperform der Plötze kann stromlinienförmig sein ähnlich wie die des Hasel. Es gibt jedoch auch Bestände mit hochrückigen Plötzen, insbesondere in nahrungsreichen Gewässern.
Die Plötze ist einer der häufigsten Fische in stehenden und langsam fließenden Gewässern. Sie laicht je nach Wassertemperatur zwischen April und Mitte Juni an seichten, meist pflanzenbewachsenen Ufergebieten ab. Plötzen können bis zu einem Kilo schwer werden. Die Normalgrößen liegen jedoch zwischen 100 und 600 Gramm. In nahrungsarmen Gewässern findet man oft große Schwärme von kleinwüchsigen Plötzen.

Fangplätze

Im Fließwasser bekommt man, solange die Sonne scheint, kaum eine Plötze zu Gesicht. Die Tiere halten sich im Schatten ihrer Unterstände z. B. tiefer Rinnen, unterspülter Ufer oder ins Wasser ragender Bäume verborgen.
In größeren Seen sind Plötzen in der Regel in Wassertiefen von 4–7 m in Bodennähe zu finden. Sie suchen die Nähe von Pflanzenfeldern, halten sich je-

Abb. rechts: Plötzen werden meist in Schwärmen angetroffen. In manchen Seen ziehen die Fische gegen Abend zu Tausenden in Richtung Flachwasser.

Plötzen haben rote Augen (Rotauge) und einen silbrigen Körper.

doch meist nur am Rande davon auf. Am späteren Nachmittag, bei abnehmender Helligkeit, zieht der Fisch in Richtung Ufer. In der Dämmerung sind oft große Schwärme von Plötzen dicht unter Land zu sehen. Gleiches kann an windigen, trüben Tagen beobachtet werden. Die Fische suchen dabei je nach den Verhältnissen, sowohl Ufer mit auf- als auch solche mit ablandigem Wind auf.

Plötzen haben sandigen oder hartgründigen Boden nahe der Bewuchsgrenzen lieber als reinen Schlammboden. Während der kalten Jahreszeit findet man den Fisch an den tiefsten Stellen von Flüssen und Seen.

Köder

Was Köder angeht, ist die Plötze ein dankbarer Fisch. Sie ist insgesamt gesehen sehr beißfreudig. Natürlich gibt es auch Zeiten, wo man seinen Erfindungsgeist strapazieren und verschiedene Ködertypen ausprobieren muß. Ganze kleine Regenwürmer, noch besser kleine Stückchen vom Kopf- oder Schwanzende größerer Würmer sind hervorragende Köder. Man steckt die Hakenspitze nur durch drei bis vier Glieder des Wurmes, so daß der übrige Wurmkörper frei beweglich ist und seine ganze Lockwirkung entfalten kann. Man verwende dabei lieber einen etwas größeren Haken als einen zu kleinen, der den Wurm leicht aufschlitzt. Kleine Plötzen fängt man mit Hakengröße 8−12. Für größere Exemplare empfiehlt sich Größe 4−6.

Auch Weißbrotfüllung ist ein guter Plötzenköder. Daneben bringen, vor allem beim Angeln in Seen, gekochte Maiskörner oder Dosenmais ausgezeichnete Resultate. Mit den Maiskörnern lassen sich die Plötzen sehr gut anfüttern. Bei räumlich begrenzten Fangplätzen

z. B. während des Wettfischens ergeben kleine Würmer und Maden die besten Fänge. Sinnvoll ist während des Fischens sukzessive mit der Hakengröße herunterzugehen. Hakengröße 14 mit 2–3 Maden beködert und Hakengröße 18 mit einer einzelnen bringen gute Resultate.

Angelstrategie

Tagsüber suchen die Rotaugen in der Regel den Gewässerboden nach Futter ab. Erst am späteren Nachmittag und Abends gehen sie auch an die Oberfläche um Insekten zu jagen. Es kommt darauf an, die richtige Fangtiefe durch variieren der Schwimmereinstellung herauszufinden. Im See oder langsam fließenden Fluß bietet man den Köder am besten freischwebend direkt über dem Boden an. Man plaziere dabei ein Schrotblei oberhalb des Hakens, damit dieser am Vorfach senkrecht nach unten hängt. So angeboten, wirkt der Köder meist besser, als wenn er direkt am Boden aufliegt.

Auf Plötzen im Fließwasser

Das Wichtigste bei der Flußfischerei, vor allem wenn über weitere Distanzen gefischt wird, ist die Kontrolle über den Schwimmer, während dieser flußabwärts getrieben wird. Hierbei beläßt man nach dem Auswerfen den Schnurfangbügel in Wurfstellung und kontrolliert das Ablaufen der Schnur mit dem Zeigefinger. Immer nachdem ca. ein Meter Schnur abgelaufen ist, preßt man den Finger auf die Spule. Der Schwimmer wird gestoppt und die Strömung läßt den Haken Richtung Oberfläche »schwingen«. Nun wird erneut Leine freigegeben. Dieses Wechselspiel (sie-

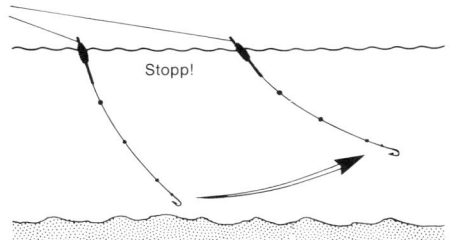

Im Fließgewässer fängt man Plötzen am besten mit der stromabwärts treibenden Angel. Man wirft aus und stoppt nach jedem Meter die ablaufende Schnur mit dem Zeigefinger für einen kurzen Moment. Dabei schwingt der Haken nach oben und sinkt dann wieder ab. Dieser Bewegung kann kaum eine Plötze widerstehen.

he Abb.) wird fortgesetzt bis ca. 12–20 m Schnur ausgegeben sind. Dann holt man am besten wieder ein, da bei größeren Entfernungen Schnur und Schwimmer außer Kontrolle geraten. Gerade diesen Stop-Manövern bzw. den damit verbundenen Haken und Köderbewegungen können die wenigsten Rotaugen widerstehen.

Wichtig bei der ganzen Aktion ist natürlich die richtige Vorfachbeschwerung. Hierzu sind einige Schrotbleie im Abstand von 0,5–1 m zum Haken erforderlich. 5–10 cm oberhalb des Hakens wird noch ein »Mikroschrot« angeklemmt. Mit solcher Vorfachbeschwerung ist sichergestellt, daß der Haken, flußabwärts gesehen, immer vor dem Schwimmer im Wasser hängt. Nun stehen Rute, Schnur, Schwimmer, Vorfach und Haken in einer Flucht. Beim Anhieb wird der Fisch richtig und sicher gehakt. Anders, wenn der Haken zu stark beschwert ist, und dadurch der Schwimmer vorantreibt. Es entsteht ein »toter Winkel« zwischen Schnur und Vorfach, der Anhieb bleibt ohne Wirkung.

Über Anfütterung lese man unter dem Abschnitt Rotfeder (Seite 33) und im Kapitel »Anfütterung« (Seite 85) nach.

38

Hasel

Auf den ersten Blick kann man den Hasel leicht mit einer Plötze verwechseln. Beide Arten halten sich jedoch in der Regel in unterschiedlichen Lebensräumen auf. Außerdem hat der Hasel im Vergleich zur Plötze (Rotauge) gelbe Augen. Die eigentliche Heimat des Hasels ist das Fließgewässer. Ab und an kommt er jedoch auch in Seen vor, insbesondere im Bereich von Flußmündungen. Auch in den Haffgewässern der Ostsee trifft man den Hasel an.

Der Fisch laicht im März–April im Fließwasser ab. Das Laichen erfolgt an sandigen oder kiesigen Stellen, die mit Pflanzen bewachsen sind. Während dieser Zeit ist es fast unmöglich Hasel zu fangen.

Fangplätze

Hasel sind Schwarmfische die schnellfließende Bereiche bevorzugen. Man trifft sie in den Strömungsrinnen oder an Biegungen und Kehren von Flüssen an. Hasel sind bei sonnigem Wetter am beißfreudigsten. Der Fisch jagt dann nach allem, was so im Wasser herantreibt, Insekten an der Oberfläche, Insektenlarven oder auch Würmer, die er vom Boden aufnimmt.

Steht der Fisch tief, kommt es darauf an, den Haken direkt auf oder wenige Zentimeter über dem Gewässerboden anzubieten. Dabei muß der Haken ordentlich beschwert sein, damit er vom Strom nicht nach oben gewirbelt wird

Hasel dieser Größe sind nicht allzu häufig.

39

und somit aus dem Gesichtsfeld des Fisches gelangt. Voraussetzung für erfolgreiches Angeln auf Hasel sind genau Kenntnisse der Tiefenverhältnisse.

Köder

Die besten Köder für Hasel sind kleine Würmer oder Stücke von Würmern, Weißbrot und Maden. Genaueres über diese Köder lese man bei Rotfeder und Plötze. Hasel werden relativ leicht schnurscheu. Besonders bei sonnigem Wetter reagieren sie auf Lichtreflexe an der Schnur mißtrauisch. In solchen Fällen verwende man ein dünneres Vorfach oder eine nicht glänzende Schnur.

Abb. rechts: Richtige Anfütterungstechnik bringt bessere Plazierungen beim Wettfischen.

Abb. unten: Hasel sind beißfreudig und trotzdem schwer zu fangen, da sie den Köder gern wieder »ausspucken«.

40

Anfüttern

Hier einiges zum Anfüttern beim Wettangeln. Dabei kommt es ja in besonderem Maße darauf an, die Fische ständig auf einem sehr begrenzten Raum beisammen zu halten, sie vor allem daran zu hindern, den Platz des Nebenmannes aufzusuchen. Wird auf kurze Distanzen gefischt, z. B. am eigenen Ufer, so füttert man nach jedem zweiten Wurf mit einem halben Dutzend Maden an. Man wirft die Maden etwas stromauf ins Wasser, damit sie den Fischen am eigenen Angelplatz zugute kommen und nicht denen des Konkurrenten. Wichtig ist daß der Wurf so schnell nach dem Anfüttern angesetzt wird, daß der beköderte Haken gleichzeitig mit dem Anfütterungsköder bei den Fischen ankommt.

Stehen die Fische am gegenüberliegenden Ufer, so ist die Verwendung von Futterkugeln angebracht. In die Kugeln werden Maden oder Wurmstückchen miteingebacken. Man übe sich im zielgenauen Werfen oder im Gebrauch der Futterschleuder. Nur so, kann man seine Chancen auch optimal ausnutzen.

Merke auch: Der Haken sollte immer mit dem gleichen Köder bestückt werden, mit dem angefüttert wird. Verwendet man beispielsweise Futterkugeln mit Maden, so ist auch mit Maden anzuködern.

Angelstrategie

Da sich die Hasel in größeren Fließgewässern meist in tieferen Rinnen aufhalten, geht die Fischerei in Strommitte vor sich. Der Köder ist am fängigsten, wenn er mit dem Strom herangetrieben wird. Dazu wirft man den Schwimmer über die Stelle hinaus, wo der Haselschwarm vermutlich steht, schlägt dann den Schnurfangbügel nicht zu-

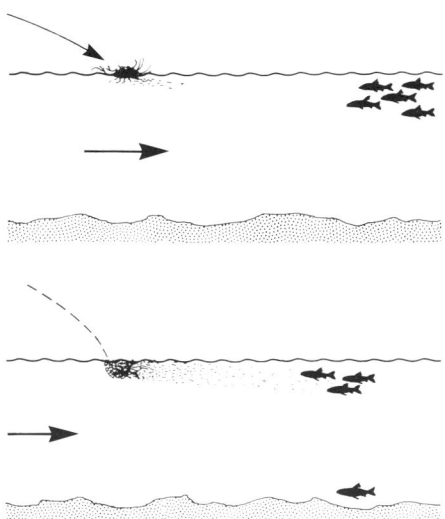

Wenn die Hasel im Fließgewässer an der Oberfläche stehen, sollten Futterkugeln mit weicher Konsistenz verwendet werden. Als Lockköder eignen sich Maden, da sie langsam absinken.

Steht der Fisch in Nähe des Flußgrundes, benötigt man festere Futterkugeln, die erst am Boden zerfallen.

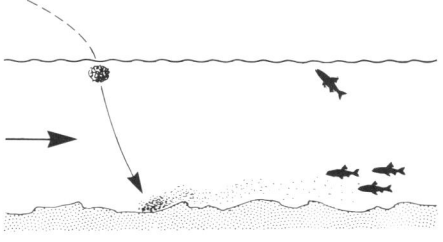

Beim Wettangeln hält man die Fische durch Gabe regelmäßiger kleiner Dosen »am Futtertrog«. 8–10 Maden pro Futtergabe ist die richtige Zahl. Das Futter ist so zu plazieren, daß sich der beköderte Haken mitten zwischen den Futterstücken befindet.

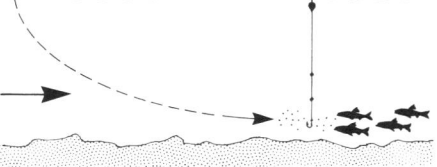

41

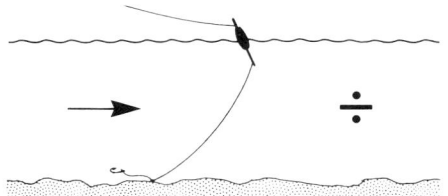

Abb. rechts oben: Korrektes Abfischen einer Flußstrecke: Die Würfe werden nach dem gezeigten System plaziert. Während der Schwimmer stromab treibt, verwendet man die Stopptechnik.

Für Fließgewässer ist der Avon-Schwimmer besonders gut. Der beste Schwimmer hilft jedoch nichts, wenn das Vorfach falsch beschwert ist. Hier ist ein »toter Winkel« im Fanggeschirr, d. h. der Anhieb bleibt wirkungslos.

Abb. rechts unten: So hat man die beste Kontrolle über Schnur und Schwimmer, wenn in Ufernähe gefischt wird. Anstatt die Kurbel zu bedienen, kann man die Schnur beidseits des ersten Laufringes greifen und nach unten ziehen.

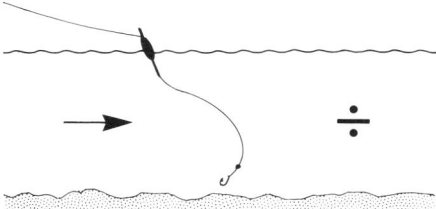

Das Vorfach ist zu wenig beschwert. Der Schnurbogen läßt keinen korrekten Anhieb zu.

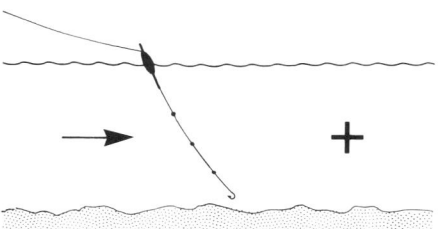

Korrekte Vorfachbeschwerung. Rute, Schnur, Schwimmer und Vorfach sind auf Zug. Die geschilderte Technik, mit wiederholten Stoppmanövern wirkt nur bei korrekter Vorfachbeschwerung.

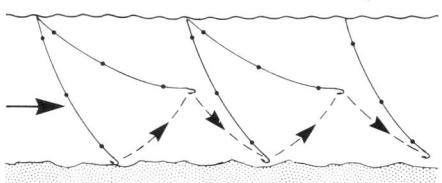

So fischt man Fließgewässer ab: Nach jedem Meter wird die Schnur mittels des auf die Spule gelegten Zeigefinger abgestoppt. Der Köder bewegt sich dadurch im Wechsel auf und ab.

rück, sondern kontrolliert die Schnur mit dem Zeigefinger. Beim Biß wird der Finger auf die Spule gepreßt und gleichzeitig der Anhieb gesetzt. Dann erst klappt man den Bügel um und holt ein. Diese Technik erfordert ein wenig Übung, aber man kommt schnell dahinter und weiß die Vorzüge gegenüber der herkömmlichen Methode, bei der es zwischen Umklappen des Bügels und Anhieb leicht »Schnursalat« gibt, zu schätzen. Wichtig, insbesondere beim Wettfischen ist, daß der Fisch rasch aus dem Schwarm herausdirigiert und schnell angelandet wird. Überhaupt müssen beim Wettangeln Bewegungsabläufe fast automatisch vor sich gehen. Wurf, Schwimmerführung, Anhieb, Anlandung, Hakenlösen, Anködern und erneuter Wurf – all das sollte gleichsam ineinanderfließen.
Im übrigen kann beim Haselfischen auch die im Kapitel über Plötzen beschriebene »Stopptechnik« zur Anwendung kommen (Seite 38). Bei kaltem Wetter und in sehr schnell strömendem Wasser wird die Floßangel gegen die Grundangel mit Gleitblei ausgetauscht. Mit dem Gleitgeschirr ist es sogar unter diesen Verhältnissen möglich, den Köder, der dabei über den Boden »rollt«, langsam genug anzubieten.

42

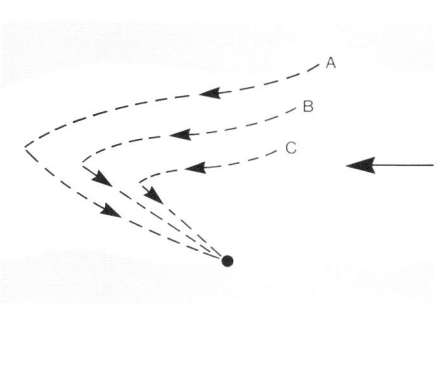

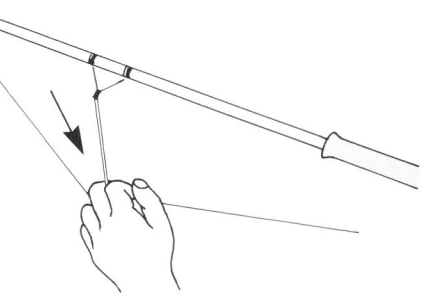

Brachsen

Der Brachsen, auch Blei genannt ist einer unserer verbreitesten Angelfische. Er bewohnt Seen und große langsamfließende Flüsse. In Gewässern mit günstigen Ernährungsbedingungen werden Brachsen ohne weiteres bis 3 kg schwer. Es wird sogar von Maximalgrößen von 9 kg berichtet. In nahrungsarmen Seen dagegen findet man oft riesige Schwärme kleinwüchsiger Brachsen von 150−400 Gramm. Brachsen treten in der Regel schwarmweise auf. Handelt es sich um kleinere Exemplare, so können die Schwärme aus mehreren hundert Individuen bestehen. Großbrachsen dagegen schließen sich zu Gruppen von nur 5−10 Exemplaren zusammen.

Die Brachsenschwärme sind ständig in Bewegung. Während die kleineren Fische Wassertiefen von 2−4 m bevorzugen, gehen die Großen durchaus bis in 4−8 m Tiefe hinunter. In Flüssen ziehen die Bleischwärme in tieferen Bereichen der großen Stromkehren (Mäander) auf und ab.

Fangplätze

Bleie ziehen unbewachsenen schlammigen, sandigen oder auch kiesigen Boden den Stellen mit starkem Pflanzenbeständen vor. Hauptnahrung stellen die Larven von Zuckmücken und anderen Insekten dar, die im Gewässerboden leben. Auch Würmer und Schnecken werden gerne aufgenommen. Brachsenschwärme grasen den Boden regelrecht nach allem Lebendi-

44

Abb. oben: Während der Laichzeit bekommt der Brachsenmilchner (männlicher Fisch) einen Laichausschlag.

Abb. rechts: Im Fluß beißen Brachsen besonders gut bei »Schnürlregen«. Durch den ansteigenden Wasserstand und die stärkere Strömung wird der Boden aufgewirbelt und Nährtiere freigespült.

Abb. links: Brachsen können imponierende Größen von 5–6 kg erreichen.

gen ab. Fast senkrecht auf dem Kopf stehend, saugt der Fisch mit seinem rüsselartig vorstülpbaren Maul Schlamm und Sand samt darin befindlicher Nährtiere ein. Das Ganze wird dann wieder ausgestoßen. Die Nährtiere kommen dabei frei auf dem Boden zu liegen und werden erneut aufgenommen. Wenn der Blei im Flachwasser auf Nahrungssuche geht, kann man oft das Oberteil seiner stark gespaltenen Schwanzflosse über die Wasser-

45

oberfläche herausragen sehen. In klarem Wasser sind die Weideplätze der Brachsen gut zu erkennen, da der Boden überall trichterförmige kleine Gruben aufweist. Brachsen laichen im Mai und Juni im Flachwasser an pflanzenbestandenen Uferstellen ab. Während dieser Zeit bekommt man nur durch Zufall einen Fisch an die Angel. Wenn man jedoch das Glück hat, handelt es sich meist um ein größeres Exemplar. Den männlichen Brachsen (Milchner) erkennt man während der Laichzeit an einem stark ausgebildeten Laichausschlag – damit sind die vielen weißen, hornigen Warzen gemeint, die seinen Kopf und Körper bedecken.

Nach dem Laichen ziehen die Brachsen wieder in tieferes Wasser hinaus. In Flüssen trifft man sie nun an den tiefsten Stellen der Strömungsrinnen an. Es ist schwer die Brachsen dort zu Gesicht zu bekommen. In klarem Wasser hilft manchmal eine Polarisationsbrille, mit der man störende Spiegelungen auf der Wasseroberfläche ausschalten kann. Ein sicherer Hinweis auf die Anwesenheit von Brachsen sind auch Schlammwolken, die durch die Wühlarbeit der Fische aufgewirbelt werden.

Die besten Brachsenfänge macht man während der Sommermonate. Jedoch auch in der kalten Jahreszeit, wenn sie sich ins tiefe Wasser zurückgezogen haben, gehen Brachsen noch an den Haken.

Mit das Interessanteste am Verhalten der Brachsen sind die tageszeitlichen Schwarmbewegungen. Die ganze Zeit über ziehen die Fische umher, als ob sie bei ihrer Weidetätigkeit ganz bestimmten, festgelegten Routen folgen würden. Diese liegen morgens und abends in Ufernähe, während des Tages weiter draußen in tieferem Wasser.

Köder

Da der Brachsen Nahrung fast ausschließlich vom Boden aufnimmt, muß auch der Köder am Grund liegend serviert werden. Der Fisch ist nicht besonders wählerisch. Würmer aller Arten, Weißbrot, Maden aber auch Mais und Kartoffeln sind reizvolle Köder für den Blei. Während des Sommers sind kaum Unterschiede in der Fängigkeit zwischen beweglichen Ködern, wie z. B. Würmern und leblosen Ködern, wie Weißbrot festzustellen. Bei kaltem Wetter jedoch bringt ein Strauß lebhafter, kleiner Regenwürmer die besten Resultate. Brachsen haben ein großes Maul und sind zudem große Kämpfer an der Angel. Man verwende daher stets kräftige Haken der Größen 4–8. Wichtig ist eine exakte Tiefenabstimmung von Schwimmer, Vorfach und Haken. Das Vorfach wird ca. 5–6 cm oberhalb des Hakens mit einem einzelnen größeren

Leckerbissen für Brachsen: Ein Bund von Rotwürmern auf einem Haken der Größe 8.

46

Der Brachsen ist auf einen großen Regenwurm hereingefallen.

Gerät

Für den Bleifang im Fluß empfiehlt sich eine 300–400 cm lange Grundrute. Bei der Uferfischerei an Seen verwende man eine kürzere Einhandrute von 240–270 cm Länge. Am besten sind Ruten mit Spitzen- oder Halbaktion. Mit ihnen läßt sich ein schneller, sicherer Anhieb setzen. Da Brachsen zäh und starke Kämpfer im Drill sind, sollte je nach zu erwartender Fischgröße mit Schnurstärke 0,23–0,30 gefischt werden.

Brachsen haben »Weideplätze« entlang der Seeufer, die sie immer wieder abgrasen. Findet man diese, ist guter Fang gewiß. Im vorliegenden Fall wurden im Laufe einiger Stunden 50 Brachsen gefangen.

Schrotblei beschwert, so daß der Schwimmer gerade senkrecht im Wasser steht, der Haken und ein Stückchen Vorfach am Boden aufliegt. Beim Anbiß hebt der Fisch den Köder und damit auch das Schrotblei etwas an. Dabei legt sich der Schwimmer aufs Wasser. Sekunden danach, wenn der Fisch mit dem Köder abzieht, stellt er sich wieder auf und wird anschließend meist unter Wasser gezogen. Im gleichen Moment muß der Anhieb gesetzt werden.

47

Bodenangeln

Es gilt als erwiesen, daß man beim Bodenangeln mehr Brachsen erbeuten kann als mit der Floßangel. Für die Fischerei im stehenden Gewässer wählt man am besten die Paternosterangel, während beim Angeln im Fluß das Gleitblei zu bevorzugen ist (siehe auch Kapitel über Bodenangeln, Seite 26).

Wesentliche Bedeutung bei dieser Fangtechnik kommt dem Bißanzeiger zu, da der Brachsen den Köder manchmal nur sehr zögernd nimmt und ihn beim kleinsten Anlaß wieder fallen läßt. Bei völlig ruhigem Wasser kann man die Angelschnur selbst als Bißanzeiger verwenden. Dazu wird die Leine nach dem Wurf gestrafft, dann der Bügel umgeklappt und einige Schnurwindungen freigegeben. Nun schwimmt ein kleiner Abschnitt der lockeren Leine nahe der Rutenspitze auf dem Wasser. Beim Biß sieht man die Bewegung der sich straffenden Leine deutlich.

Eine andere Möglichkeit ist die Verwendung von besonders empfindlichen Rutenspitzen, den sogenannten Schwingspitzen (siehe Kapitel »Modernes Grundangeln, Seite 91). Nach dem gleichen Prinzip funktioniert ein sehr einfacher Bißanzeiger, den man ohne weiteres selbst anfertigen kann. Nach dem Straffen der Schnur, klemmt man ein Weißbrot oder Teigkügelchen ca. 20–30 cm unterhalb der Spitzenöse der Rute auf die Leine. Infolge des Gewichtes des Kügelchens bildet die Schnur unterhalb der Rutenspitze einen Winkel. Beim Biß des Fisches, wenn die Schnur unter Zug gerät, wippt die Kugel. Nun muß der Anhieb erfolgen. Noch besser als Teig oder Weißbrotkugeln eignen sich solche aus Plastelin oder Modellierwachs. Wenn mit einer solchen improvisierten Schwingspitze gefischt wird, sollte die Rute unter allen Umständen in einem Rutenhalter gelagert werden.

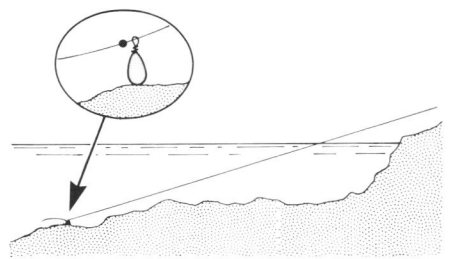

Das Bodengeschirr mit Gleitblei ist gut für den Brachsenfang. In vielen Fällen kommt man jedoch auch mit der Paternosterangel und einer besonders langen Armschnur aus.

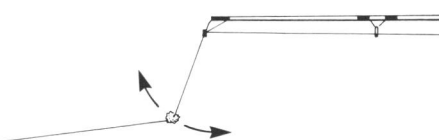

Da die Brachsen oft sehr vorsichtig beißen und den Köder schnell wieder loslassen, benötigt man besonders sensible Bißanzeiger wie den hier gezeigten. Eine Kugel aus Weißbrot wird dicht unterhalb der Rutenspitze auf die Schnur geklemmt. Schon beim vorsichtigsten Schnappen schwingt die Kugel wie ein Pendel hin- und her.

Diesen großen Brachsen fängt man nicht jeden Tag. Es sei denn, man kennt ein besonders gutes Fischwasser.

48

Angelstrategie

Wie bereits beschrieben patrouilliert der Blei meist auf ganz bestimmten Routen im Gewässer hin und her. Diese gilt es durch systematische Probefänge herauszubekommen.

Manchmal verraten sich die Brachsen selbst durch ihre Wühlarbeit am Gewässerboden. Dabei steigen oft Gasblasen an die Oberfläche und zeigen den Weg der Fische an. Früh am morgen sind häufig auch ganze Schwärme zu beobachten, die an der Wasseroberfläche herumtollen. Bei dieser Gelegenheit einen Fisch zu fangen ist jedoch nahezu unmöglich. Immerhin hat man den Schwarm lokalisiert und kann sich, sobald es hell geworden ist, einige Fangchancen ausrechnen.

Die Brachsen sind natürlich nicht den ganzen Tag über auf Futtersuche. Im Sommer sind die frühen Morgen- und Abendstunden, in der kühleren Zeit die Tagesmitte erfolgversprechend.

Hat man einen Brachsenschwarm aufgespürt, so ist es in der Regel nicht allzu schwer ein halbes Dutzend Fische herauszufangen. Merkt man, daß nach anfänglich guten Fängen die Bisse plötzlich abnehmen und letztlich gar nichts mehr geht, so können drei Dinge dafür verantwortlich sein:

1. Der Schwarm ist weitergezogen und »grast« nun an anderer Stelle weiter.
2. Die Fische sind mißtrauisch geworden und haben sich an den Köder gewöhnt.
3. Die Fische wurden aufgeschreckt und haben die Schwarmformation aufgelöst.

Grundsätzlich darf beim Brachsenangeln nicht vergessen werden, daß diese Fischart außerordentlich scheu und schreckhaft ist. Unvorsichtige Bewegungen des Anglers am Ufer, z. B. heftiges Trampeln, oder Unruhe im Wasser während Drill und Anlandung des Fisches können Ursache dafür sein, daß

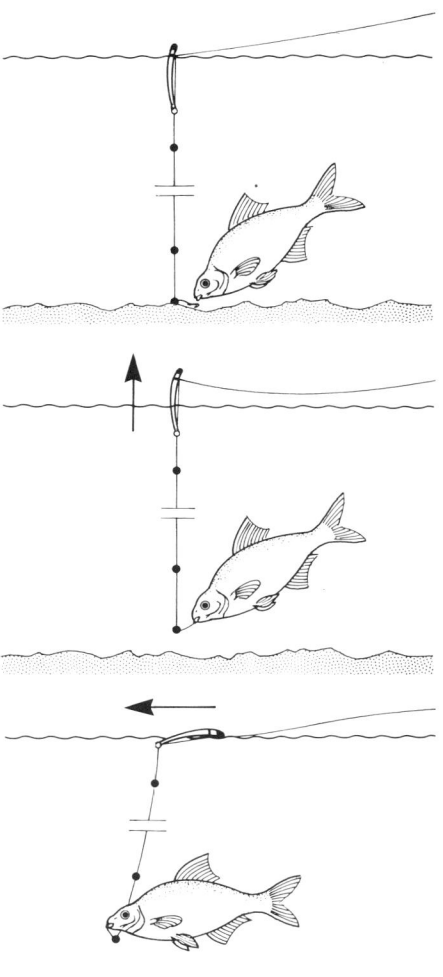

Floßangeln auf Brachsen. 5 bis 6 cm oberhalb des Hakens wird ein Bleischrot angeklemmt. Wenn der Fisch den Köder einsaugt, wird der Schwimmer entlastet und legt sich flach aufs Wasser. Dies ist eine sichere Bißanzeige.

sich über längere Zeit hinweg kein Fisch mehr blicken läßt. Auch ein Setzkescher, der nur halb unter Wasser oder mit Fischen überfüllt ist, so daß die gefangenen Tiere unruhig herumplatschen, führt oft dazu, daß die Brachsen vertrieben werden.

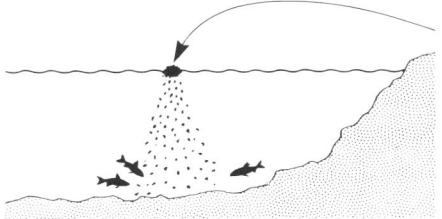

Anfüttern

Grundsätzliches über die Anfütterung lese man unter den Kapiteln »Rotfeder« und »Anfütterung« nach (s. Seite 33). Wenn es um Brachsen geht, ist am besten, sich Stellen herauszusuchen, wo mit Sicherheit damit zu rechnen ist, daß die Tiere auf ihren täglichen Wanderungen vorbeikommen. Dort wird vor Angelbeginn schon mit Futterbällen vorgefüttert. In den Grundfutterteig werden Maden, Würmer oder Mais eingemischt je nachdem mit welchem Köder man vor hat zu fischen. Man versucht, die Futterbälle möglichst an der gleichen Stelle zu plazieren. Ist der Brachsenschwarm groß, sollten sie auf einer Fläche von ca. 5×5 m verstreut werden. Ist beabsichtigt, an mehreren Tagen die gleiche Stelle zu befischen, so empfiehlt sich, sowohl vor als auch nach dem Angeln zu füttern, um die Fische richtig an den Platz zu gewöhnen.

Anfüttern im See: Die Futterkugeln sollten schon beim Aufprall im Wasser aufbrechen. Man merke sich die Stelle genau, damit das Futter bei weiteren Würfen nicht zu weit gestreut wird.

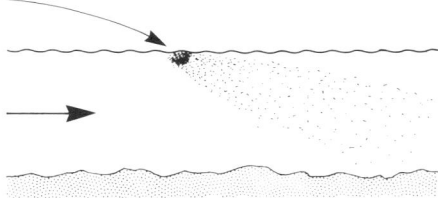

Auch in langsam fließenden Gewässern verwendet man Futterkugeln, die schnell aufbrechen.

50

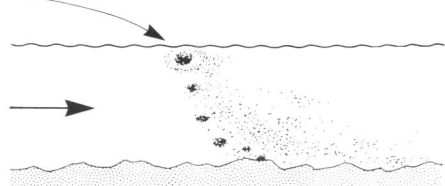

Bei mittleren Fließgeschwindigkeiten sollte sich die Futterkugel während des Absinkens auflösen.

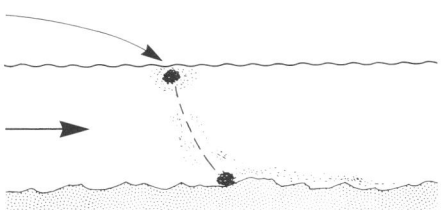

In schnell fließendem Wasser muß die Futterkugel so fest sein, daß sie erst am Boden zerfällt.

Zwei Grundangler bei strömendem Regen.

Anfüttern im Fließgewässer

Es liegt auf der Hand, daß richtiges, zielgenaues Anfüttern im Fluß schwieriger ist, als im See, vor allem wenn hohe Fließgeschwindigkeiten herrschen. Hier werden feste Futterkugeln benötigt, die nicht schon an der Oberfläche, sondern erst am oder in Nähe des Bodens aufbrechen. Im Kapitel über Anfütterung wird eine Rezeptur zur Herstellung eines guten und billigen Grundfutterteiges gegeben (s. Seite 85). Hierzu ist jedoch eine gewisse Vorbereitungszeit erforderlich. Im Fluß besteht normalerweise kein Risiko, daß die Fische überfüttert und damit beißunlustig werden, da überzähliges Futter schnell von der Strömung abgetrieben wird. Grundsätzlich ist zu merken: Das Futter sollte auf einem möglichst kleinen Gebiet und im richtigen Mengenverhältnis zur Anzahl der Fische präsentiert werden.

Schleie

Schleien gehören zu den schönsten und anglerisch interessantesten Fischen in unseren Gewässern. Den Anblick des messingfarben schimmernden Fisches mit den schwarzen Flossen vergißt man nicht so schnell. Vor allem sind mit dem Schleienfang meist auch Erinnerungen an laue, stille Sommernächte verbunden, in denen man diesen Fisch am besten erbeuten kann.

Izak Waalton, der berühmte englische Angelautor, nannte die Schleie in seinem Buch »Der vollkommene Angler« den Arzt im Wasser: »Die Schleie ist der Arzt unter den Fischen – besonders der Hecht sucht, wenn er krank und abgekämpft ist, die Berührung mit Schleien um dabei Genesung zu finden«. Dies ist zwar eine poetische Beschreibung. Jedoch ist *Izak Waalton* dabei wohl ein Fehler unterlaufen, denn schon oft hat man Schleien in Hechtmägen gefunden. Früher glaubte man vielerorts, daß der Hautschleim der Schleie heilende Wirkung für verschiedene Krankheiten darunter auch Gelbsucht besäße. Diese versuchte man durch Auflegen von Schleien auf die Füße des Patienten zu kurieren.

Einmal ganz abgesehen von den ihr zugesprochenen Heilkräften, ist die Schleie ein sehr widerstandsfähiger Fisch, der nur selten von Fischkrankheiten befallen wird und auch in sehr warmem, sauerstoffarmem Wasser überleben kann.

Die Schleie hat goldschimmernde Haut und orange leuchtende Augen.

Schleienfischerei an warmen Sommerabenden ist immer ein schönes Naturerlebnis. Minuten nach dieser Aufnahme biß eine Schleie von 2,3 Kilo.

Fangplätze und Lebensweise

Obwohl Schleien in vielen Gewässern vorkommen, werden sie doch relativ selten gefangen. Dies kommt daher, daß der Fisch nicht so leicht zu überlisten ist. Um ihn an die Angel zu bekommen, ist Geduld und taktisches Vorgehen unerläßlich. Die Schleie kommt meist in nahrungs- und pflanzenreichen Kleingewässern wie Weihern und Moorseen vor. Auch Parkseen und deren Zulaufgräben werden manchmal von Schleien bevölkert. Seltener trifft man Schleien in großen Seen oder Flüssen an. Wenn überhaupt, so bevorzugen sie dort pflanzenreiche, stille Buchten oder Altwasserarme.

Es ist gar nicht leicht herauszubekommen, ob in einem Gewässer gute Schleienbestände vorhanden sind. Am besten versucht man an einem warmen Juni- oder Juliabend sein Glück. In der Dämmerung wird die Schleie nämlich aktiv und beginnt zwischen den Wasserpflanzen oft in Oberflächennähe herumzusuchen. Der Fisch kann dabei einige Unruhe im Wasser erzeugen, während er sich durch die Pflanzenbestände schiebt. Wenn an einem solchen Abend ein großer Fisch, mit großen Flossen an der Oberfläche sichtbar wird, ist es mit großer Wahrscheinlichkeit der »Arzt des Wassers«.

Wie bereits gesagt, sind pflanzenreiche Gewässer der ideale Lebensraum für Schleien. Es sind dabei ganz bestimmte Pflanzenarten, die das gute Schleienwasser ausmachen. Hierzu gehören Wasserpest, Hornblatt, Tausendblatt und Krebsschere. Den meisten Anglern ist vor allem die Wasserpest bekannt, die große schwärzlich-grüne Krautbetten aus langen Ranken bildet, welche mit Rosetten kleeblattähnlicher Blätter besetzt sind. Weniger häufig bewohnen Schleien Gewässer mit ausgedehnten Feldern von Schwimmblattpflanzen, wie See- oder Teichrosen. Dies kann jedoch keineswegs als sichere Regel aufgefaßt werden.

Schleien ernähren sich von den Larven der Zuckmücken und anderer Insekten, sowie von Würmern, Muscheln und Schnecken. Die Schleie durchwühlt bei der Nahrungssuche den Bodenschlamm und setzt dabei oft viele Gasblasen frei, die das Wasser an der Oberfläche regelrecht zum »moussieren« bringen.

Der Fisch laicht bei einer Wassertemperatur von $19-20°$ C ab. Diese Temperaturen werden in den meisten Gewässern erst Ende Mai, Anfang Juni erreicht. Nach der Laichzeit kommt die Schleie in Beißlaune. Die alte Regel, welche sagt, daß man Schleien beim ersten Vollmond nach der Holunderblüte fängt, ist demnach goldrichtig. Wenn infolge eines kalten Frühjahres die Holunderblüte verspätet ist, verschiebt sich in der Regel auch die Laichzeit der Schleie. Die Ablage des gesamten Laiches der Schleie dauert oft sehr lang (bis zu zwei Monaten), da die Eier portionsweise, im Abstand von etwa zwei Wochen an Wasserpflanzen abgesetzt werden.

Die Schleie fühlt sich bei Temperaturen zwischen $12-26°$ C wohl. Deswegen sind auch die Sommermonate die beste Fangzeit. Schleien, die schon im Frühjahr an die Angel gehen, zählen zu den Ausnahmen.

Die Schleie ist kein Schwarmfisch, beweidet jedoch oft in lockeren Verbänden die selben Gewässerstellen. Es ist auch durchaus normal, daß sich der gesamte Schleienbestand eines Gewässers in einem für den Fisch besonders vorteilhaften Bereich, z. B. einer stillen Bucht, versammelt. Die »Normalschleie« erreicht ein Gewicht von $0,75-1$ kg. In nahrungsreichen Weihern fängt man jedoch auch Fische bis zu 2,5 kg. Es wurden auch schon Schleien von 4 kg angelandet.

Fangzeiten

Obwohl ein typischer Sommerfisch, meidet die Schleie das Sonnenlicht. Die besten Fangergebnisse erzielt man daher vor Sonnenauf- und nach Sonnenuntergang. Zugegebenermaßen wurden auch schon gute Schleien am hellichten Tag gefangen. Selten jedoch in Gewässern mit klarem Wasser. Meist erfolgten diese Fänge in größeren Wassertiefen oder in stark getrübtem Wasser. Ganz anders verhält sich die Schleie bei schwülem Wetter und kurz vor Gewittern. Dann verfällt sie auch mitten am Tag plötzlich in die wildeste Beißlaune. Vor einigen Jahren fing ich eine Stunde bevor ein heftiges Gewitter losbrach, 12 Schleien innerhalb weniger Minuten. Auch bei bedecktem Wetter und starkem Wind kann es vorkommen, daß die Schleien plötzlich tagsüber aufleben und beißfreudig werden. In größeren Gewässern hält die Schleie dabei bestimmte »Weideplätze« ein, die immer wieder abgegrast werden. Sie liegen in Nähe von Pflanzenbeständen an Schilfrändern oder in tieferem Wasser mit Schlammgrund.

Abb. oben: Schwere Schleien fängt man am besten vor aufziehenden Gewittern. Schwüles Wetter begünstigt die Schleienfischerei.

Abb. unten: Das Ergebnis einer Nacht an einem kleinen Moorsee. Alle Fische wurden wieder zurückgesetzt.

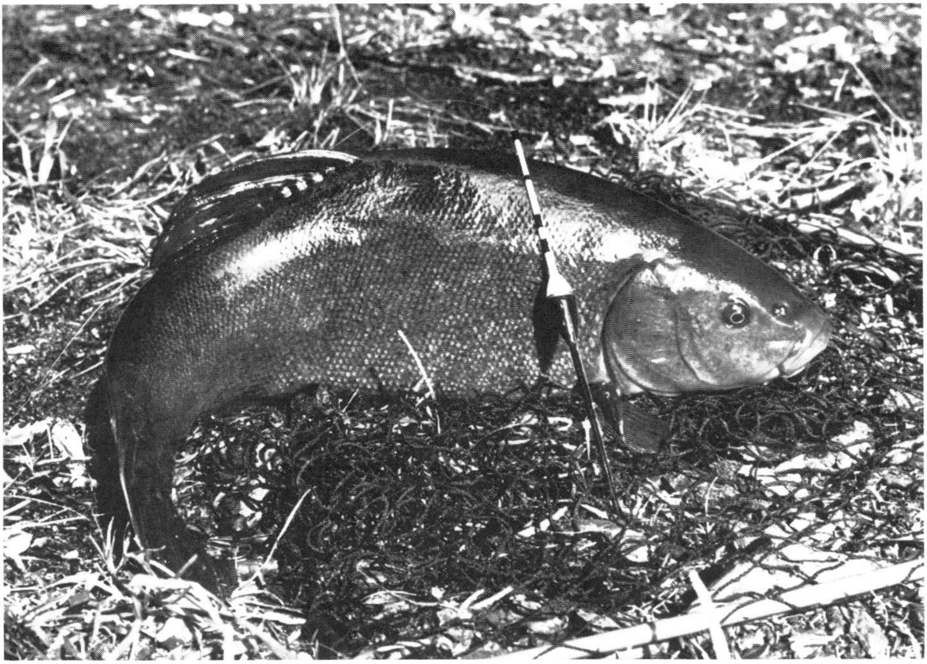

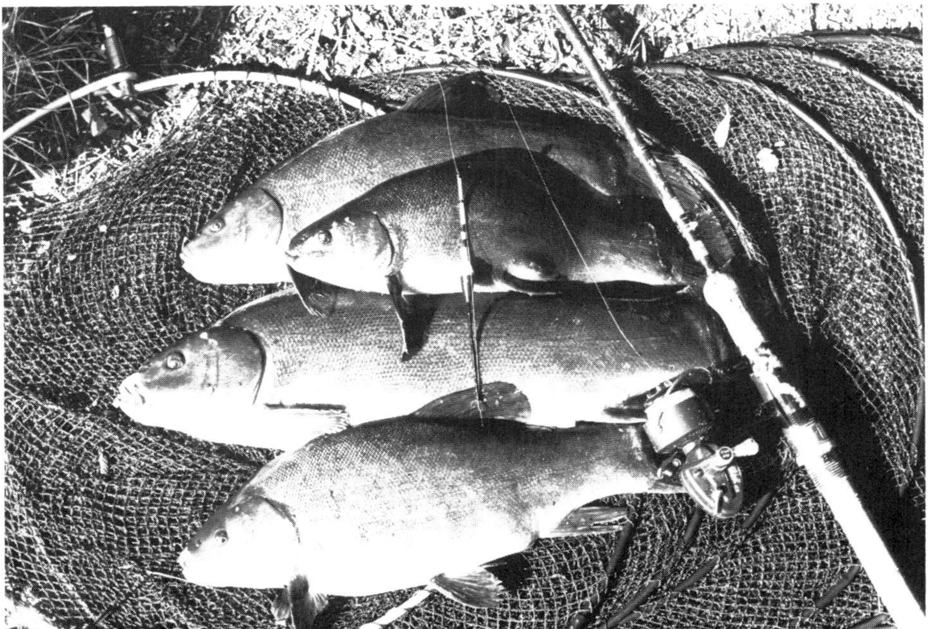

Vorsicht beim Drill – die Schleie versucht immer sich zwischen Wasserpflanzen zu flüchten.

Köder

Unmittelbar nach Ende der Laichzeit bevorzugt die Schleie große Köder, z. B. fette Regenwürmer oder Weißbrotkugeln von Walnußgröße. Auch Brotkrusten sind ein willkommener Köder. An Sommerabenden kann man versuchen, die Brotkrusten an der Wasseroberfläche schwimmend anzubieten. Dies ist besonders in Parkseen oder Weihern wirkungsvoll, wo Wasservögel gefüttert werden, und sich die Schleien ohnehin immer die restlichen Brotkrümel von der Oberfläche holen. Auch auf dem Schlammgrund liegend sind Brotkrusten fängige Köder. Maden als Köder eignen sich vor allem zu Zeiten, wenn die Schleien gerade der Sinn nach Zuckmückenlarven steht.

Gerät

Die Schleie ist ein kräftiger Fisch, den man nicht mit zu leichtem Gerät herausfordern sollte. Sofort, wenn der Fisch den Anhieb spürt, versucht er zwischen Wasserpflanzen Zuflucht zu finden. Es ist nichts Ungewöhnliches, daß Schleien zusammen mit einer Ladung Wasserpflanzen angelandet werden. Man muß Ruten verwenden, die ermöglichen den Fisch um die gröbsten Hindernisse herumzudirigieren und so zu kontrollieren, daß nicht zuviel Unruhe entsteht, durch die andere Fische abgeschreckt werden. In bewuchsreichen Gewässern ist eine Grundrute von 300–400 cm Länge oder eine normale Zweihandrute das geeignete Gerät.

Schleien sind nicht besonders schnurscheu. Deshalb können starke Schnüre (0,25–0,35) und relativ große Haken (4–8) zum Einsatz kommen.

Leckerbissen für Schleien: Zwei bis drei lebendige Moorwürmer und die Weißbrotkugel.

Nachtangeln

Tagsüber ist Floßangeln eine interessante und effektive Fangtechnik. Sobald es dunkel wird, treten jedoch Probleme auf, da man den Schwimmer schlecht oder nicht mehr sehen kann. Hilfreich ist dann ein Stückchen Silberpapier, das zwischen Rolle und ersten Laufring auf die Leine gehängt wird und durch seine Bewegung und das dabei erzeugte Knistern den Biß meldet.

Gut geeignet für Nachtangeln ist ein leichtes Bodengeschirr. Ein schweres Blei zu verwenden ist nicht ratsam, da es leicht im Bodenschlamm versinkt und dabei oft Vorfach und Haken mitzieht. Um dies zu verhindern, bediene man sich eines zwischen Blei und Wirbel eingebundenen 20–30 cm langen Schnurstückes. Die Anordnung, welche im Kapitel »Bodenfischerei« detailliert beschrieben ist (s. Seite 26), verhindert, daß Haken und Köder zusammen mit dem Blei in den Schlamm gezogen werden.

In Ufernähe kann Nachtfischerei mit schwimmender Brotkruste oder Weißbrotstückchen an der Oberfläche gute Fänge bringen.

Verlockende Schleiengewässer.

57

Floßangeln

Auch wenn Boden- und Oberflächenangeln manche gute Schleie erbringt, ist und bleibt das Floßangeln die interessanteste Art, Schleien zu fangen. Da der Fisch seine Nahrung direkt am Grund oder von den Wasserpflanzen abklaubt, hilft es wenig, wenn der Köder 10 oder 20 cm über dem Boden hängt. Er muß direkt am Grund liegend angeboten werden. Genaue Abstimmung der Vorfachlänge und Schwimmerstellung auf die Wassertiefe ist daher unbedingt geboten. Hierzu einige Hinweise: Eine relativ sichere Methode ist, das Vorfach 10–20 cm unterhalb des Schwimmers mit Schrotblei zu beschweren, so daß der Köder lose am Boden aufliegt. Mit dieser Vorfachanordnung bemerkt man den Biß des Fisches daran, daß der Schwimmer beginnt hin und her zu wandern. Anders reagiert die Pose, wenn ein Schrotblei 4–6 cm oberhalb des Hakens angebracht wird. Und zwar so, daß Haken und ein Stückchen Vorfach lose am Boden liegen, das Schnurstück zwischen Blei und Schwimmer jedoch gestreckt im Wasser hängt. Wenn die Schleie nun den Köder nimmt, hebt sich das Blei mit an und entlastet dabei den Schwimmer, der sich im gleichen Moment flach aufs Wasser legt. Diese Schwimmerbewegungen sind sehr gut zu sehen. Die Methode eignet sich daher besonders für schlechte Lichtverhältnisse. In tieferem Wasser kann man die gleiche Vorfachanordnung, jedoch mit einem Gleitfloß ausgestattet, verwenden. Bevor der Stopperknoten für den Gleitschwimmer justiert wird, muß selbstverständlich die Tiefe exakt gemessen werden.

Komposterde mit vielen Würmern ist ein verlockendes Futter für Schleie, Brachse und Aal.

Anfüttern

Ein guter Anfütterungsköder für Schleien ist Weißbrot, das in Stücke gebrochen und angefeuchtet wird, damit es absinkt. Auch einige Hände voll mit Komposterde, die viele lebendige kleine Rotwürmer enthält, ist ein ausgezeichnetes Futter. Wird solches Futter angeboten, beginnen die Fische meist sofort im Bodenschlamm zu wühlen, da sie im Glauben sind, es gäbe hier besonders viele Zuckmückenlarven. Auch Dosenmais oder zerschnittene Würmer in Grundfutterteig eingemischt, sind gute Anfütterungsköder. 10–15 Minuten bevor das Angeln beginnt, sollte mit dem Anfüttern aufgehört werden. Während des Angelns weiterzufüttern lohnt nicht. Man verscheucht dabei die Schleien. Nicht vergessen: Immer mit dem gleichen Köder fischen mit dem auch angefüttert wurde.

Weiteres über Anfütterung in den Kapiteln: »Rotfeder« und »Anfütterung«.

58

Verkrautete Gewässer

Schon mancher begeisterte Grundangler hat graue Haare bekommen, weil sein Schleiengewässer schon ein paar Wochen nach Saisonbeginn so mit Pflanzen zugewachsen war, daß die ordnungsgemäße Fischerei zum Erliegen kommen mußte. Besonders ärgerlich ist solches, wenn das Wasser nur so von Fischen wimmelt. Aber auch für solche Fälle gibt es Abhilfe. Man benötigt den Kopf eines Rechens und einige Leinen. Der Rechen wird ausgeworfen und zusammen mit den Pflanzen die hängen bleiben, eingezogen. Diese Prozedur wiederholt man so oft, bis eine Lücke entstanden ist, die groß genug ist um zu angeln. Derartige Bewuchsentfernung hat noch einige sehr günstige Nebenwirkungen. Viele Nährtiere, die auf den Pflanzen hängen, fallen nämlich beim Herausziehen derselben ab und locken die Schleien an. Die Fische sind besonders beißfreudig, wenn sie ihr Futter nicht wie sonst erst aus dem Schlamm herauswühlen müssen.

Bevor man mit Schleienangeln beginnt, treffe man schon die nötigen Vorberei-

tungen zum Anlanden und Aufbewahren des Fisches. Der Kescher wird ausgepackt und aufgeklappt. Der Setzkescher zum Hältern der Fische sollte in einiger Entfernung zum Angelplatz aufgestellt werden, damit die gefangenen Fische ihre noch freilebenden Artgenossen nicht durch lautes Platschen oder sonstige Unruhe warnen. Man kann Schleien übrigens auch mehrere Stunden am Leben halten, indem man sie in angefeuchtetes Sackleinen einwickelt oder sie in einem größeren wassergefüllten Eimer hältert. Auf diese Weise kann der Nachtangler seinen Fisch solange aufbewahren, bis es hell genug ist, um ein Photo zu machen.

Geräuchert schmecken Schleien im übrigen sehr gut. Der Fisch sollte jedoch vorher erst einige Tage lang entwässert werden.

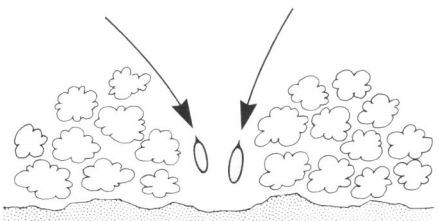

Hornblatt und Wasserpest sind Pflanzen, die oft massenhaft auftreten und den Grundangler zur Verzweiflung bringen können, wenn kein freier Platz mehr zum Fischen übrig bleibt. In solchen Fällen ist es erforderlich einen Fangplatz zu präparieren. Mittels eines Rechenkopfes, der ausgeworfen und wieder hereingezogen wird, entfernt man die Unterwasserpflanzen und schafft eine freie Passage zum Angeln.

Eine schöne dreipfündige Schleie wird gekeschert.

59

Karpfen

Karpfen gehören zu den beliebtesten Angelfischen in Deutschland. Für Angler ist dieser Fisch der Inbegriff der Schlauheit. Seine angeborene Scheu und das ausgeprägte Mißtrauen gegenüber jeder Veränderung in seiner Umgebung haben dem Fisch den Ruf eingebracht, mit zu den am schwierigsten zu erbeutenden Süßwasserfischen zu zählen. Trotzdem kann man, Geduld und wirklich intensiv Beschäftigung mit Fisch und Angeltechnik vorausgesetzt, Karpfen genauso an den Haken bekommen wie andere Fische auch. Das natürliche Verbreitungsgebiet des Karpfens ist der asiatische Raum (Rußland, China). Schon im 13.−15. Jahrhundert wurde der Fisch in Europa eingeführt.

Er gehört weltweit gesehen zu den wichtigsten Speisefischen und wird zu diesem Zweck in Teichen produziert. Man unterscheidet im Hinblick auf die Beschuppung vier verschiedene Karpfenformen:
1. Schuppenkarpfen, auch Wildkarpfen genannt;
2. Spiegelkarpfen mit nur wenigen übergroßen, unregelmäßig verteilten Schuppen;
3. Zeilkarpfen mit einer Reihe etwa gleichgroßer Schuppen, die entlang der Seitenlinie angeordnet sind;
4. Leder- oder Nacktkarpfen ohne oder mit vereinzelten Schuppen.

Karpfen können imponierende Größen von 25−30 kg erreichen. Mit der Angel

Den Spiegelkarpfen erkennt man an wenigen, großen, unregelmäßig angeordneten Schuppen.

60

Der Wunschtraum vieler Grundangler – ein großer Schuppenkarpfen.

wurden in Deutschland und England schon Karpfen über 20 kg gefangen. Die »Normalgröße« geangelter Karpfen ist jedoch geringer, sie liegt zwischen 1–4 kg.

Karpfen bevorzugen warme, stehende oder langsam fließende Gewässer mit Sand- oder Schlammgrund und reichen Pflanzenbeständen. Viele Kleingewässer, wie Weiher, Tümpel und alte, aufgelassene Kiesgruben enthalten oft bemerkenswerte Karpfenbestände. Man wundert sich oft, wie groß Karpfen sogar in den kleinsten »Wasserlöchern« werden können. Aufenthaltsorte der Karpfen sind oft tiefe und geschützte Stellen von Seen und Teichen, sowie überhängende Uferböschungen und pflanzenbewachsene Bereiche.

Der Karpfen ernährt sich von Kleintieren, die er aus dem Bodenschlamm hervorwühlt. Dazu gehören Würmer, Kleinkrebse, Insekten – insbesondere Zuckmückenlarven, aber auch Muscheln, Schnecken und Molche. Kleinere Karpfen gehen zeitweise zu Planktonnahrung (im Wasser schwebende Kleinlebewesen) über. Große Exemplare stellen hin und wieder auch Kleinfischen, sogar jungen eigenen Artgenossen, nach.

Die Laichzeiten des Karpfens sind je nach Wassertemperatur die Monate Mai–Juli. Der Fisch benötigt dabei Wassertemperaturen von 18–20° C. Da diese hohen Temperaturen in vielen Gewässern nicht oder zumindest nicht in jedem Jahr erreicht werden, kommt es vor, daß der Fisch in manchen Gewässern nicht oder nur sporadisch ablaichen kann.

Verhalten am Fischwasser

Es wurde bereits darauf verwiesen, daß Karpfen besonders vorsichtige und scheue Fische sind. Danach muß der Angler sein Verhalten am Fischwasser einrichten. Auffällige, farbenprächtige Kleidung, möglicherweise auch noch Holzschuhe, mit denen man sich nicht vorsichtig bewegen kann, sind schlechte Voraussetzungen für das Karpfenangeln. Wenn man die Fische überlisten will, muß man sich dem Angelplatz behutsam nähern und gut getarnt sein. Fische registrieren über ihre Seitenlinie den sogenannten Ferntastsinn, feinste Druckwellen, welche etwa von den Bodenerschütterungen kräftiger Schritte ausgehen. Auch ein heftig abgestellter Rucksack oder Gerätekoffer kann die Fangaussichten über längere Zeit zunichte machen. Fische, insbesondere Karpfen, hören sehr gut. Jede Art von Lärm am Angelplatz ist daher zu vermeiden. Auch der Gesichtssinn der Fische sollte nicht unterschätzt werden. Wegen ihres großen Gesichtsfeldes

können die Tiere Dinge bemerken, die sich sozusagen hinter ihrem Rücken abspielen. Je höher sich die Silhouette des Anglers über die Uferlinie erhebt, je auffälliger seine Kleidung farblich vom Hintergrund abweicht, um so schneller wird er vom Fisch bemerkt. Ausreichende Sichtdeckung zum Ufer hin, z. B. durch Sträucher und Schilf, sowie Hintergrunddeckung ist eine wichtige Voraussetzung für erfolgreiches Karpfenangeln.

Abb. oben: Auch in Kleingewässern gibt es schöne Karpfen.

Abb. links: Ein Schuppenkarpfen mit Maiskörnern an der Floßangel gefangen.

Abb. rechts: Ein prachtvoller Schuppenkarpfen, der wieder zurückgesetzt wird. Gute Karpfenbestände bedürfen intensiver Hege.

62

Auch sollte man sich vor dem Fang schon überlegen, was mit den erbeuteten Fischen geschieht. Ist er für den Kochtopf bestimmt, so sollte der Fisch sofort nach dem Fang abgeschlagen werden. Will man ihn wieder zurücksetzen aber vorher noch wiegen oder photographieren, ist das beste, den Fisch im Setzkescher zu hältern. Karpfen können auch mehrere Stunden lang, in einem angefeuchteten Tuch oder Sackleinen eingewickelt, überleben. Wichtig ist nur, daß man ab und zu einen Schuß Wasser darübergießt.

Fangplätze und Lebensweise

Wie bereits gesagt, sind es oft gerade die sogenannten Kleingewässer, welche gute Karpfenbestände und oft Fische mit ganz beachtlichen Stückgewichten von 3–4 kg enthalten. Pflanzenbestandene Bereiche, vor allem solche mit reichhaltiger Ufervegetation, beispielsweise Rohrkolben, sind Gebiete, die der Karpfen bevorzugt. Meist stellen sich Karpfen an geschützten Stellen unter umgestürzten Bäumen, unter Ästen, die ins Wasser ragen oder im Bereich von Krautbetten ein. Fangen kann man den Fisch in dicht bewachsenen Gewässern, natürlich nur in den Lücken zwischen Unterwasserpflanzen.

Karpfen sind nicht an bestimmte Wassertiefen gebunden. In trübem Wasser jedoch orientiert sich der Fisch mehr in Richtung auf ufernahe Flachwasserzonen, während er in klaren, tiefen Seen Wassertiefen um 3–6 m aufsucht.

Obwohl Karpfen schon zu jeder Tages- und Nachtzeit an die Angel gegangen sind, besteht kaum Zweifel, daß die frühen Morgen- und Abendstunden die ergiebigsten Fänge ergeben. Zu dieser Zeit ist das Wasser ruhig und das Licht noch gedämpft. Der Fisch sucht dann seine Freßplätze im flachen Wasser auf.

63

Gerät

Für Karpfenangler ist keine Spezialausrüstung notwendig. Es gibt jedoch einige Punkte, die bei der Gerätewahl zu berücksichtigen sind. Geeignet sind Ruten von 270–400 cm Länge, dazu mittelschwere Stationärrollen. Die Rollen werden mit kräftiger Schnur (0,30–0,40) versehen. Der Karpfen hat ein großes Maul, kann daher große Köder vertragen. Da der Fisch zudem beim Drill außerordentliche Kraft entwickelt, liegt auf der Hand, daß große und kräftige Haken der Größen 1/0–2/0 zu verwenden sind. Für kleinere Karpfen nimmt man Hakengröße 2–4. Für die Landung des Fisches ist ein Kescher unerläßlich. Man denke daran, daß plötzlich ein 5–10 kg schwerer Fisch vor einem auftauchen kann. Das Karpfenangeln erfordert viel Geduld. Da man oft stundenlang ansitzt, sind Angelstuhl und Rutenhalter kein unnötiger Komfort.

Köder

In England gibt es Karpfenspezialisten, die darüber diskutieren, ob der Karpfenköder nun 14 verschiedene Eiweißstoffe enthalten muß, oder ob 11 auch ausreichend sind. Ob derartig detaillierte Beschäftigung mit der Materie nun wirklich bessere Fänge bringt, mag dahingestellt bleiben. Im Normalfall jedoch kommt man mit 5 oder 6 der bekannten Karpfenköder ohne weiteres über die Runden und zu manch schönem Fisch. Sicherlich kommt der Köderwahl eine gewisse Bedeutung zu. Noch wichtiger ist jedoch das gut abgestimmte Zusammenwirken verschiedener Dinge wie Anfütterung, Wurftechnik, Schnurführung, Präsentation des Köders und Geduld.

Blutwurst – ein ausgezeichneter Karpfenköder, der nicht so schnell von anderen Fischen genommen wird.

64

In Abhängigkeit von der Tiefe des Fischwassers und der Zusammensetzung des Fischbestandes bieten sich wie gesagt 5−6 verschiedene Ködertypen an: Brotkruste, Weißbrot, Regenwurm, Mais, Kartoffeln und Blutwurst. Das sind wahrscheinlich die Köder, mit welchen 95% aller Karpfen gefangen werden. Wenn manche Angler behaupten, sie erbeuteten die meisten Karpfen mit Käse, so kommt dies wohl daher, daß sie fast ausschließlich Käse als Köder verwenden.

Ein Problem beim Karpfenangeln ist, daß andere Fische die für den Karpfen gedachten Köder nicht weniger gern mögen. Brotkugeln, kleine Regenwürmer oder Mais sind auch für andere Weißfische Leckerbissen. Auch große Regenwürmer werden »belästigt«,

Ein glücklicher Angler und ein schöner Fisch – geangelt mit Blutwurst.

wenn Schleie, Aal oder Brachsen in der Nähe sind. Sogar Brotköder in Golfballgröße werden von vorwitzigen Rotfedern oder Brachsen »abgeknabbert«. Gleiches gilt für Kartoffeln. Eine Ausnahme macht die sehr proteinreiche Blutwurst, die augenscheinlich andere Fische nicht in gleichem Maße anlockt wie den Karpfen.

Blutwurst

Die »Blutwurstentwicklung« wurde in den letzten Jahren in südschwedischen Anglerkreisen in Gang gesetzt. Arne Broman, der bekannteste schwedische Grundangler und Karpfenspezialist, begann die Versuche mit Blutwurst und stellte fest, daß fast ausschließlich Karpfen anbissen. Eines Nachts fing er bei einer seiner Blutwursttests sogar den zweitgrößten schwedischen Karpfen aller Zeit. Diese Ergebnisse haben natürlich eine Vielzahl von Anglern

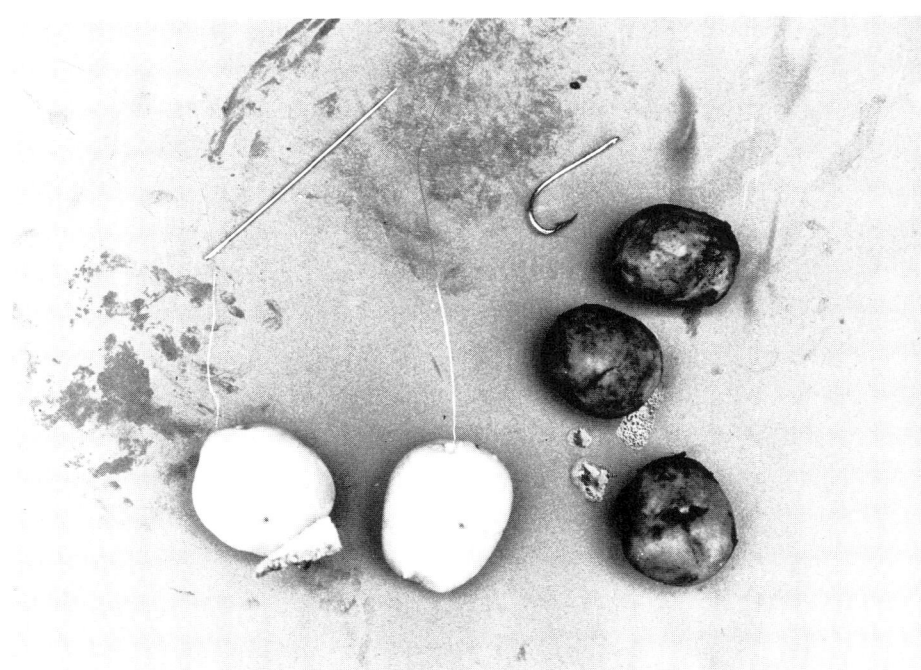

überzeugt, und seither wurden schon viele Karpfen auf Blutwurst gefangen. Die Blutwurst muß erst zum Angeln aufbereitet werden. Man verknetet sie dabei sorgfältig mit Mehl und Wasser, so daß ein formbarer, zäher Teig entsteht. Hieraus formt man Teigbälle etwa von Golfballgröße, in welchen dann der Haken versteckt wird.

Weißbrot

Auch mit angefeuchtetem Weißbrot fertigt man etwa gleichgroße Kugeln an. Die Brotfüllung darf dabei nicht zu zäh geraten, da dann der Haken beim Anschlag den Köder nicht mehr durchdringen kann. Zu locker sollte die Sache natürlich auch nicht sein, da ansonsten der Köder beim Wurf leicht davonfliegt. Diesem Problem kann durch das Hinzufügen eines Stückchens Brotrinde abgeholfen werden, das als Stütze für die Brotkugel dient.

Anködern für Karpfen: Das auf eine Nadel (Ködernadel) gefädelte Vorfach wird durch die Kartoffel gezogen. Die Kartoffeln sollten erst direkt vor dem Anködern geschält werden.

Gekochte Kartoffeln

Gekochte Kartoffeln – sie sollten nicht zu mehlig sein – von Walnuß- oder Golfballgröße sind ausgezeichnete Karpfenköder. Man kocht sie zusammen mit der Schale und pellt sie vor dem Anködern ab. Auch Dosenkartoffeln können verwendet werden, wenn sie groß genug ausfallen.
Die Abbildung zeigt, wie die Kartoffel angeködert wird: Man fädelt das Vorfach auf eine Nadel, zieht es durch die Kartoffel und drückt den Haken soweit in die Kartoffel ein, daß nichts mehr vor ihm sichtbar ist. Sind die Kartoffeln etwas zu weich geraten, kann man als Stütze ein Stück Brotrinde zwischen Hakenspitze und Kartoffel einbauen.

66

Regenwurm

Im Vergleich zum Wurm haben die drei bisher genannten Köder einen großen Vorteil: Sie sind so schwer, daß kein zusätzliches Wurfgewicht benötigt wird. Schwimmer und Blei sind daher überflüssig. Außer, wenn man auf sehr kurze Distanzen in Ufernähe fischt (5 bis 10 m), ist mit Regenwurm als Köder die Verwendung von Pose oder Grundblei notwendig.

Viele Karpfen, die auf Regenwurm gefangen werden, sind »Zufallsprodukte«, da eigentlich auf andere Weißfische geangelt wurde. Dies ist das grundsätzliche Problem des Wurmköders. Er ist einfach sehr unselektiv.

Weißbrotstückchen

Schwimmende Brotstückchen sind vor allem in stark verkrauteten Gewässern ein guter Karpfenköder. An warmen Sommerabenden gehen die Karpfen gern an Köder, die an der Oberfläche angeboten werden. Besonders erfolgreich sind solche Köder in Gewässern, wo Enten gefüttert werden und die

Gute Karpfenköder: Mais, Weißbrotstückchen und -Kruste, Regenwürmer.

Karpfen daher schon an die schwimmende Brotnahrung gewöhnt sind.

Die Brotstückchen von $1,5 \times 1,5$ bis 6×6 cm Größe werden mit einem scharfen Messer herausgeschnitten und zwar so, daß ein Stück Rinde mit am Brot verbleibt. Zähe Rinde und frische Füllung sind die beste Kombination. Man steckt den Haken durch die Rinde und sorgt dafür, daß der Hakenschaft von der Brotfüllung bedeckt ist. Der Weißbrotköder schwimmt eine gewisse Zeit bis er sich vollgesogen hat und absinkt. Man lasse ihn ruhig auch noch einige Zeit am Grund fischen, bevor man neu beködert.

Karpfen nähern sich dem schwimmenden Köder meist recht langsam und vorsichtig. Es sieht oft aus, als ob sie ihn erst »beschnuppern« würden, bevor sie sich entschließen, den Bortwürfel zu schlucken. Dies gehört mit zu den spannendsten Momenten für den Angler.

Mais

Dosenmais wird immer populärer als Karpfenköder. Damit der Köder nicht sofort von Plötzen, Schleien oder Brachsen genommen wird, beködert man den Haken mit 5 bis 10 Maiskörnern.

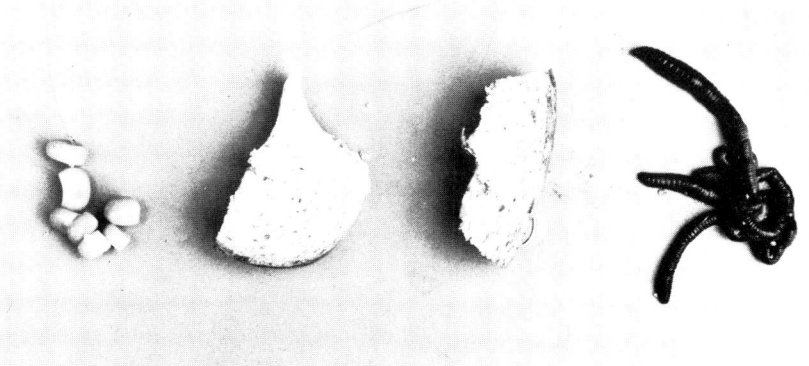

Anfüttern

Sicherlich kann man auch ohne Anfütterung Karpfen fangen. In kleineren Gewässern mit dichten Karpfenbeständen dürfte es beispielsweise kaum notwendig sein anzufüttern. Sind die Fische jedoch relativ »dünn gesät«, so kann gezieltes Anfüttern die Fangchancen ganz erheblich aufbessern. Die meisten Friedfische, wie auch der Karpfen, folgen auf ihren Weidegängen ganz definierten Routen. Sie haben darüber hinaus regelrechte »Stoppstellen«, die sie zu ganz bestimmten Zeitpunkten erreichen. Man könnte meinen, die Fische hätten eine eingebaute Uhr, die ihnen sagt, wann sie wieder losziehen oder stehen bleiben müssen. Kenntnis derartigen Verhaltens kann dem Angler viel bringen. Wenn vor dem Angeln 4−6 mal im Laufe einer Woche an Plätzen, welche die Fische immer wieder aufsuchen, angefüttert wird, so kann man die

Tiere an eine bestimmte Stelle bzw. an den Köder gewöhnen. Es versteht sich von selbst, daß dann auch mit dem gleichen Köder geangelt werden muß.
Die Wahl des Anfütterungsköders hängt von den jeweiligen Verhältnissen ab. Mais ist zwar ein exzellentes Futtermittel, wird jedoch, falls große Bestände anderer Weißfische da sind, meist schon von Plötzen, Brachsen oder anderen Fischen gefressen, bevor die Karpfen ihren Teil bekommen. Ist dies nicht zu befürchten, so verfüttert man 5−6 mal die Woche jeweils ca. eine halbe Dose Mais, der auf eine Fläche von wenigen Quadratmetern verteilt wird. Noch besser ist jedoch Anfütterung mit Kartoffeln oder Blutwurstbällchen. Pro Fütterung wirft man 10−20 Stück davon auf die Futterstelle. Natürlich kann ein Anfütterungsprogramm auch »in die Binsen« gehen, wenn man die Karpfenweidegründe nicht findet. Um sicherzugehen, lohnt es sich daher, meh-

68

Abb. links: Karpfenangeln ist spannend, erfordert jedoch Geduld und sorgfältige Planung.

Abb. rechts oben: Aufregende Momente beim Karpfenangeln.

Abb. unten: Solche Fänge brauchen kein Zufallserlebnis sein, wenn man zielbewußt und mit den nötigen Kenntnissen ans Fischwasser geht.

rere verschiedene Stellen im Gewässer anzufüttern.

Mehrmaliges Anfüttern vor dem eigentlichen Angeltag ist sicherlich die beste Lösung, kann jedoch meist nur praktiziert werden, wenn man in Gewässernähe wohnt, oder einen längeren Angelurlaub vor sich hat. Andernfalls ist vielleicht ein Helfer zu gewinnen, der vor Ort zu Hause ist und nach genauen Anweisungen die Anfütterung übernimmt.

69

Fangtechnik

Zu häufiges Auswerfen und Köderwechseln sollte beim Karpfenangeln vermieden werden, da das Aufplatschen der meist doch recht großen Köder beim Wurf nur Unruhe schafft und die Fische vertreibt. Eine Ausnahme macht in diesem Zusammenhang das Angeln mit dem schwimmenden Brot. Selbstverständlich wird auch dann ein Köderwechsel nicht zu vermeiden sein, wenn man merkt, daß sich auf den angebotenen Köder einfach nichts tut, oder wenn nach anfänglich guten Fängen plötzlich »Funkstille« herrscht.

Auf Karpfen wird meist mit der freien Schnur, das heißt ohne Schwimmer oder Grundblei gefischt. Wurfgewicht ist der Köder selbst. Wenn einmal mit dem Schwimmer geangelt wird, z. B. bei Verwendung von Wurmködern, muß der Köder auf dem Boden liegend angeboten werden.

Beim Angeln mit der freien Schnur liegt die Rute in der Halterung. Der Schnurfangbügel bleibt in Wurfstellung, damit der Karpfen widerstandslos Schnur von der Spule ziehen kann. Ein guter Bißanzeiger wird benötigt. Man läßt, nachdem der Bißanzeiger »Alarm« gegeben hat, den Karpfen einige Meter Schnur abziehen, schlägt dann den Schnurfangbügel um, strafft die Leine und setzt einen kräftigen Anhieb.

Es kann vorkommen, daß der Karpfen mit dem Köder im Maul direkt auf den Angler zuschwimmt. Dabei wird natürlich keine Schnur abgezogen. Den Biß merkt man, wenn überhaupt, am Lokkerwerden der Leine.

In verkrauteten Gewässern versucht der Karpfen sofort, wenn er spürt, daß er an der Angel hängt, irgendwo zwischen Wasserpflanzen zu flüchten. Davon muß man ihn durch harten Druck mit der Rute abhalten. Der Drill eines großen Karpfens gehört zu den wirklich einzigartigen Erlebnissen beim Angeln.

Der langersehnte Augenblick: Nach einer durchwarteten Nacht ging dieser Karpfen früh morgens endlich an den Haken.

Nerfling

Auffallend beim Nerfling, der auch Aland oder Orfe genannt wird, ist seine gedrungene, wuchtige Gestalt. Der Fisch wird bis zu 60 cm lang und 3−4 kg schwer. Der Körper des Nerflings ist relativ hochrückig. Er hat einen gelben Augenkreis und rötliche Beflossung. Auf den Nerfling trifft man sowohl in größeren Flüssen als auch in Seen. Auch in Brackwasser- und Haffgebieten kommt er vor. Die Nahrung des Aland besteht in der Jugend aus Plankton, später aus Kleinkrebsen, Würmern und Insektenlarven. Für gute Nerflingbestände ist die Donau und einige der größeren Bayerischen Seen, z. B. der Ammersee bekannt. Zur Laichzeit vollführt der Fisch regelrechte Wanderungen flußaufwärts. Er trägt dann eine auffallende, messingfarbene Hoch-

zeitsfärbung. Auch zu Zeiten, wo Wind und Strömung stark salzhaltiges Wasser aus dem Meer in Flußmündungen und Haffe drückt, weicht der Fisch flußaufwärts aus, da er hohe Salzgehalte nicht verträgt. Das Ablaichen geht in der Zeit von April bis Juni vor sich. Der Nerfling sucht sich dazu sandige oder kiesige Flußstellen mit flachem Wasser aus. Es kommt dabei zu heftigen Paarungsspielen, die sich durch lautes Plätschern verraten.

Der Nerfling (Aland), ein kräftiger Fisch, der in unseren Flüssen zu Hause ist.

71

Fangplätze und Fangtechnik

Der Nerfling ist ein geselliger Fisch und wird meist in größeren Gruppen angetroffen. Die Fische bevorzugen Bereiche mit mittleren Strömungsgeschwindigkeiten. Buhnenköpfe, die Umgebung von Wehren, Sand und Kiesbänke aber auch tiefere Bereiche im Außenbogen von Flußmäandern ziehen die Fische an. Im Sommer ist der Nerfling recht lebendig und kann oft an der Oberfläche bei der Jagd auf Insekten beobachtet werden. Zu dieser Zeit wird am besten mit der flach eingestellten Floßangel gefischt. Gute Sommerköder sind Weißbrot, Mais und Maden. Auch Regenwürmer, große Fliegen und Heu-

Abb. oben: Nerfling mit Hilfe eines Futterkorbes (Swimfeeder) gefangen (über Futterkörbe lese man im Kapitel »modernes Grundangeln«, Seite 91).

Abb. unten: Ein Nerfling wird angelandet.

72

schrecken werden vom Nerfling gern genommen. In der kalten Jahreszeit steht der Fisch tief in ruhigerem Wasser, der Köder muß demzufolge am Grund angeboten werden. Jetzt ist der Regenwurm der beste Köder. Kleine Würmer im Ganzen, von großen Würmern Kopf- oder Schwanzstück, appetitlich auf den Haken gespießt, reizen manch schönen Fisch zum Biß. Im kalten Wasser lohnt es sich, ein Bodengeschirr mit Gleitblei zu verwenden oder eine langsam fischende Floßangel.

Auch beim Nerfling kann Anfüttern der Fische die Fangchancen verbessern. Gute Anfütterungsköder sind Mais, Weißbrot oder Köderbällchen aus mit Wurmstückchen oder Maden angereichertem Grundfutter. Wichtig ist, daß die Köderkugeln zäh und schwer genug sind, damit sie sich erst auflösen, wenn sie den Flußgrund erreicht haben.

Nerflinge sind sehr vorsichtige Fische und werden schnell haken- oder schnurscheu. Normalerweise verwendet man Hakengröße 6–8. Wenn die Beißlust nachläßt, geht man zu kleineren Haken (10–12) über.

Der Aland beißt gewöhnlich sehr langsam und zögernd. Ein heftiges Zittern des Schwimmers heißt noch nicht, daß der Köder schon angenommen wurde. Man muß vielmehr warten, bis sich der Schwimmer in Bewegung setzt, bevor der Anhieb gesetzt wird. Ist der Fisch gehakt, sollte er möglichst vorsichtig aus dem Schwarm herausgeleitet werden, ohne daß dabei seine Artgenossen in Panik versetzt werden.

Aal

Aale kommen natürlicherweise in nahezu allen unseren Gewässern vor, die irgendeine Verbindung zum Meer haben. Aber auch in vielen Seen, Weihern und Baggerseen, die ohne Abfluß sind, wurden Aale in den letzten Jahrzehnten eingesetzt und bilden oft große Bestände. Der Aal ist ein geheimnisumwitterter Fisch, dessen Lebensweise immer noch nicht in allen Einzelheiten bekannt ist und über dessen Sterben, irgendwo in den Tiefen des Meeres, man so gut wie nichts weiß. Der Fisch mit schlangenähnlichem Körper erblickt in Nähe der Westindischen Inseln, im sogenannten Sargasso-Meer, das Licht der Welt. Bis dorthin wandern die Aale aus unseren Seen und Flüssen ab, um ihren Laich abzugeben und dann zu sterben. Nach dem Schlupf treiben die Aallarven, die anfänglich weidenblattähnliche Form haben, mit dem Golfstrom in Richtung auf die Küsten Europas. Die Reise dauert ca. 3 Jahre. Bei der Ankunft dort wandelt sich die Larve zum sogenannten Glasaal, einem durchscheinenden kleinen Aal, der in die Flüsse aufsteigt. Hier und in den Seen lebt der Aal dann im Schnitt 6–10 Jahre lang. Während dieser Zeit ist er äußerst gefräßig. Das Freßstadium erkennt man an der typisch gelbgefärbten Körperunterseite. Er wird Gelbaal genannt. Wenn die Fische beginnen

Ein schöner Aal, der dem Köder nicht widerstehen konnte.

74

geschlechtsreif zu werden, färbt sich die Körperunterseite weiß. Man spricht nun vom Blankaal. Jetzt ist die Zeit der Rückwanderung ins Meer gekommen. Der Aal beginnt meist im Spätsommer und Herbst mit seinem Zug.

Bei den Aalen im Süßwasser unterscheidet man die sogenannten Spitzkopf- und Breitkopfaale. Erstere ernähren sich vorzugsweise von Kleintieren (Würmer, Insektenlarven, Schnecken), während der Breitkopfaal vor allem Kleinfische als Beute nimmt. Aale können maximal 6 kg schwer und 150 cm lang werden.

Fangzeiten

Aalangeln ist saisonabhängig, da der Fisch im Winter eine Art Winterschlaf durchmacht. Erst gegen Mitte April, wenn die Wassertemperaturen über 7° C ansteigen, beginnt er sich zu regen. Die Zeit zwischen Mai und September ist Hochsaison für den Aalfischer.

Aale sind ausgesprochene Dämmerungs- und Nachttiere, die sich tagsüber zwischen Wurzelwerk, in Schlammlöchern oder anderen Schlupfwinkeln verborgen halten. Das Aalangeln wird daher in der Regel erst interessant, wenn die Sonne untergeht. Dann wird der Fisch aktiv und verläßt alsbald seine Verstecke. Zwei Stunden nach Sonnenuntergang bis zwei Stunden vor Tagesanbruch sind die Aale am beißfreudigsten. Im übrigen lohnt es sich kaum, in mondhellen Nächten auf Aalfang zu gehen. Umso besser beißen sie, wenn der Nachthimmel bedeckt ist.

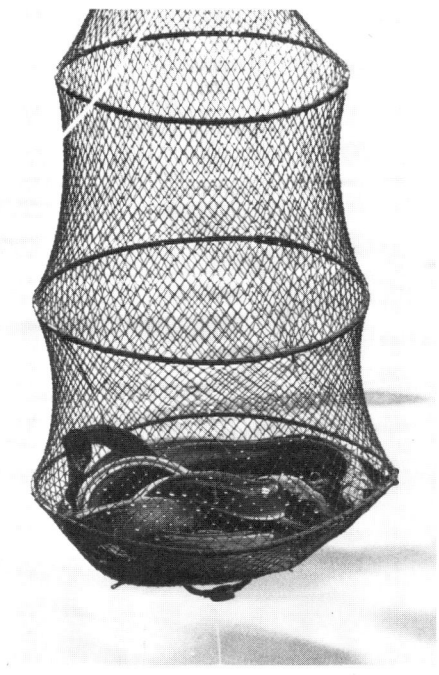

Abb. oben: Aale bewahrt man in Jutesäcken, Eimern oder Reusen auf.

Abb. unten: Auch in Kleingewässern kann man riesige Aale fangen. Bei schwülem Wetter werden die Fische oft mitten am Tag aktiv.

75

In größeren Seen ziehen die Aale bei Beginn der Dunkelheit über die Halde herauf und begeben sich ins flachere Wasser. In größeren Wassertiefen trifft man sie selten an, weil dort meist ungünstige Sauerstoffverhältnisse vorliegen.

Obwohl insgesamt gesehen die Nacht mit Sicherheit die beste Zeit für den Aalfang ist, kann es durchaus auch vorkommen, daß Aale sozusagen außer der Regel in Beißlaune kommen. Schwüles, drückendes Wetter oder aufziehende Gewitter versetzen den Aal auch tagsüber manchmal in Beißstimmung. Vor allem große Aale, von $1-2$ kg und mehr, sind in diesem Zusammenhang recht unberechenbar. Sie werden mitunter in der größten Mittagshitze aktiv und gehen dann auch an die Angel.

Vorsicht, wenn mit mehreren Ruten auf Aal geangelt wird. Es gibt leicht »Schnursalat«.

Fangplätze

In Flüßen sind tiefe Gumpen und Strömungsrinnen gute Aalplätze. Gleiches gilt für Stillwasserzonen im Oberwasser von Wehren und für Steinschüttungen, die als Uferbefestigung dienen. In Seen trifft man den Aal am Rande von Schlingpflanzenfeldern an, wo er auf Kleinfische lauert, aber auch über unbewachsenem, weichem Boden. Auch über hartgründigen Stellen, z. B. Kiesbänken, kann man gute Aale fangen.

Fanggerät

Auf Aal fischt man normalerweise mit der Paternosterangel oder dem Bodengeschirr mit Gleitblei. Da der Fisch ein mit vielen kleinen aber spitzen Zähnen bewehrtes Maul hat, sich zudem, wenn er einmal gehakt ist, an allem was er erreichen kann festklammert, ist eine

76

kräftige Schnur erforderlich. Erwartet man kleinere Aale, so genügt Schnurstärke 0,35−0,40. Für kapitale Aale verwende man eine 0,50iger Leine.

Wenn man − was einige bevorzugen − mit der Floßangel Aale fängt, sollten fluoreszierende Schwimmer verwendet werden, da ja meist in der Dämmerung oder nachts gefischt wird. Sie leuchten nach Bestrahlung mit einer Taschenlampe im Dunkeln von selbst. Auch Batterieschwimmer eignen sich gut für die Nachtfischerei.

Zum Angeln am Boden mit Grundblei sind Bißanzeiger erforderlich. Bei windstillem Wetter verwende man kleine Glöckchen, auch Aalglöckchen genannt, die auf die Rutenspitze geklemmt werden. Sobald Wind aufkommt, lösen die Aalglöckchen jedoch häufig falschen Alarm aus. Dann sind die eigenen Finger, zwischen denen die Schnur gehalten wird, immer noch die feinfühligsten Bißmelder. Wenn es ei-

Zum Nachtangeln auf Aal sind akustische Bißmelder erforderlich. Das »Aalglöckchen« ist für ruhiges Wetter geeignet. Bei Wind gibt es oft falschen Alarm.

nem zu langweilig wird, die Schnur ständig zu halten, ist auch das schon beschriebene Stückchen Silberpapier, ein ordentlicher Ersatz.

Vorbereitete Vorfächer

Es ist oft sehr schwierig, einen sich lebhaft windenden Aal vom Haken zu lösen. Um die Zeit nicht ungenutzt zu lassen, lohnt es sich, immer einige ca. 40 cm lange Vorfächer (0,40−0,50iger Schnur) mit Haken schon fertig beködert bereitliegen zu haben. Der Aal wird samt Vorfach von der Schnur gelöst, das neue Vorfach befestigt, und man kann wieder auswerfen. Nun kann man sich den gefangenen Aal vornehmen.

Köder

Aale können mit den unterschiedlichsten Ködern gefangen werden: Regenwürmer, tote Fische, Fischstückchen, Fischeingeweide, kleine Frösche, Schnecken, Muschelfleisch, Garnelen, Krebse usw. Als besonders lohnend hat sich die Fischerei mit großen Regenwürmern, toten Kleinfischen und frischen Garnelen erwiesen.

Regenwürmer sind exzellente Köder, wenn nicht vorwitzige Weißfische ständig als ungebetene Gäste erscheinen.

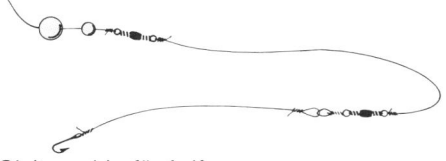

Gleitgeschirr für Aalfang.
Man beachte das kurze Vorfach, das schnell gegen ein neues ausgetauscht werden kann.

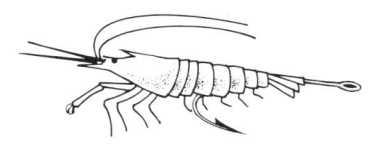

Garnelen sind reizvolle Köder für Aale. Den Haken verankert man so zwischen den Körpersegmenten, daß die Garnele nicht beschädigt wird.

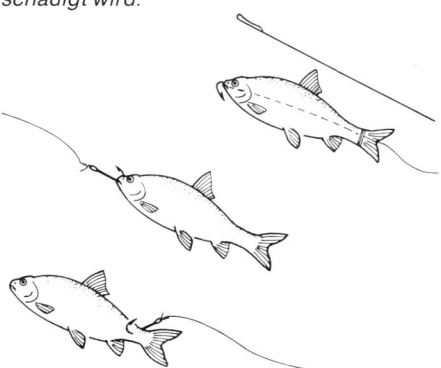

Kleine tote Fische sind gute Köder für große Aale. Wie man sie anködert zeigt die Abbildung.

Diese können so zudringlich sein, daß unter Umständen die Aalfischerei mit Wurm zum Erliegen kommt.

Tote Kleinfische sind sehr gute Köder für große Aale. Besonders geeignet sind Lauben oder Stinte von 10–15 cm Länge. An solche Fische wagen sich Kleinaale und sogenannte Friedfische meist nicht heran.

Der Favorit unter den Ködern ist bei vielen Aalanglern die frische Garnele. Sie kommen jedoch in frischer Form nur für diejenigen in Frage, welche in Küstennähe zu Hause sind. Man kann natürlich auch auf tiefgefrorene Ware zurückgreifen. Dies ist jedoch in jedem Falle ein recht teurer Aalköder.

Drill und Anlandung

Kleine Aale nehmen den Köder in der Regel schnell auf. Größere dagegen sind meist vorsichtig. Sie probieren erst herum, bevor sie richtig zupacken. Meist schwimmt der Aal einige Meter mit dem Köder im Maul, bevor er zu schlucken beginnt. Er muß dabei ohne Widerstand zu spüren, Schnur abziehen können. Erst wenn er wieder anhält, um den Köder zu schlucken, wird der Anhieb gesetzt.

Sofort im Anschluß daran versuche man den Aal vom Boden weg zu bekommen, da er als erstes versuchen wird, sich am nächsten abgesunkenen Ast, in Wasserpflanzen oder Wurzeln festzuklammern. Ein Aal kann nicht wie andere Fische erst müdegedrillt werden, weil er dabei zuviel Gelegenheit bekommt, sich irgendwo einzuhängen. An bewuchsfreiem Ufer zieht man den Aal schnellstmöglich aufs Trockene oder hebt ihn mit der Rute heraus. Bei großen Aalen ist die Verwendung eines kleinmaschigen Keschers ratsam.

Aale bewahre man in einem Baumwoll- oder Jutesack auf. Auch Plastikeimer mit Deckel erfüllen den Zweck.

Der Aalgriff mit Zeige- und Mittelfinger, sowie dem Daumen als Widerlager, ist die beste Möglichkeit, den Aal festzuhalten. Es gibt auch sog. Aalzangen, mit welchen der Aal gehalten werden kann, ohne daß er verletzt wird.

Jetzt wird der Aal mit einer gleichmäßigen, weichen Bewegung der Rute an Land gehoben. Zum Anlanden großer Aale verwendet man feinmaschige Kescher.

Einige Tips

Aalblut ist giftig und bewirkt, wenn es ins menschliche Auge, auf Schleimhäute oder in offene Wunden gelangt, Entzündungen. Einen Aal richtig festzuhalten ist schwierig, da sich der schlüpfrige Fisch dreht und wendet wie eine Schlange. Man verwende den speziellen Aalgriff, wie er auf der Abbildung oben gezeigt wird.

Am schnellsten und sichersten tötet man Aale durch einen Schnitt – mit scharfem Messer oder kräftiger Schere – dicht hinter dem Kopf, der auch die Wirbelsäule durchtrennt.

Man vergesse beim nächtlichen Aalangeln nie die Taschenlampe. Schon mancher Aal hat sich, den Händen des Anglers entkommen, im hohen Ufergras auf Nimmerwiedersehn verabschiedet.

79

Köder

Regenwurm

Es gibt verschiedene Arten von Regenwürmern. Große Gartenwürmer, kleine rote Kompostwürmer (Rotwürmer), zähe dunkelrote Würmer, die man im Waldboden findet (Mooswürmer) und weißliche Würmer aus unfruchtbarer Erde.

Ganz gleich welche Wurmart zum Fischen verwendet wird, wichtig ist in erster Linie, daß der Wurm richtig am Haken befestigt wird. Vielfach wird die Meinung vertreten, daß der Haken zur Gänze im Wurmkörper versteckt sein

Kopf- und Schwanzstücke großer Regenwürmer sind für viele Fische ein geeigneter Köder. Werden ganze Würmer verwendet, so sticht man den Haken durch den hellen »Gürtelbereich« des Wurmkörpers.

müßte, damit der Fisch nicht mißtrauisch wird. Dies trifft nicht zu, denn der Fisch achtet in der Regel auf nichts anderes, als auf den lebendig zappelnden Wurm. Man verfalle auch nicht auf den Fehler, den Haken mehrmals kreuz und quer durch den Wurmkörper zu spießen. Der Wurm verliert dabei einen Großteil seiner Körperflüssigkeit und stirbt schnell ab. Richtig ist, den Haken nur durch 3−5 Segmente in der Mitte des Wurmkörpers zu stecken oder durch das Hinterende.

Die gewöhnlichen, großen Gartenwürmer sind ein guter Köder für viele Friedfische. Angelt man auf Plötze oder Blei, so verwende man lediglich die abgeschnittenen Endstücke des Wurmkörpers, während für Schleie und Karpfen ganze Würmer angebracht sind. Bei vielen Gelegenheiten haben sich jedoch kleinere Würmer als fängiger erwiesen, wohl weil sie mehr zappeln als die Großen und durch die starken Bewegungen, Fische schneller anlocken. Kompostwürmer, die einen kräftigeren Duft ausströmen als andere Würmer, eignen sich gut für das Angeln über kurze Distanzen. Da sie sehr empfindlich sind, werden sie bei weiten Würfen leicht beschädigt oder gar vom Haken gerissen.

Zucht von Kompostwürmern

In den vorstehenden Kapiteln wurde der Kompostwurm (Rotwurm) als Angel- und Anfütterungsköder mehrfach angeführt. Nicht immer steht jedoch eine ausreichende Zahl von Würmern zur Verfügung. Grundsätzlich ist Kompost aus dem Gras von Rasenflächen eine gute Quelle für Würmer. Der Kompost kann so aufbereitet und verbessert werden, daß die Würmer besonders gute

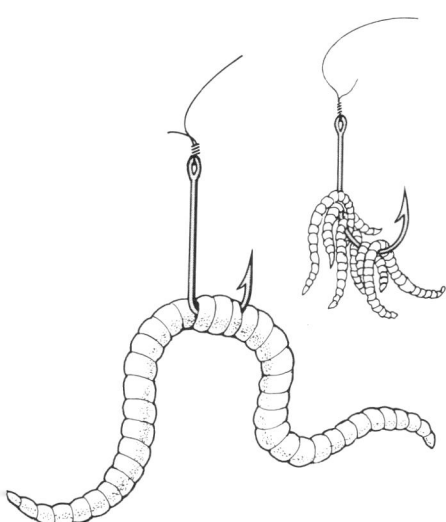

Rechts: Kleine Rotwürmer halten zwar schlecht am Haken, sind jedoch trotzdem mit die besten Köder für beißfaule Brachsen, Plötzen, Schleien, Nerflinge und Aale. – Links: Würmer locken am besten, wenn der Haken nur durch 4–5 Segmente gestochen wird.

Vermehrungs- und Wachstumsbedingungen vorfinden. Man achte darauf, daß die Kompostschicht nicht zu dick wird, da ansonsten die Wärmeentwicklung bei Gärung und Verrottung zu stark für die Würmer wird. Unter solchen Voraussetzungen besiedeln die Würmer nur solche Schichten, die für sie geeignete Temperaturen aufweisen. Die Kompostschicht sollte eine Dicke von 30–50 cm aufweisen. Sie darf nicht austrocknen und ist daher regelmäßig zu gießen. Verbessern kann man die Kompostkonsistenz durch das Einmischen von gebrauchten Kaffeefiltern, nassen Zeitungen, Teeblättern oder Schweinemist. Man packe niemals zuviel frisch gemähtes Gras auf den Kompost, da ansonsten die Temperaturen leicht in für Würmer tödliche Bereiche ansteigen. Empfehlenswert ist anfangs einige Würmer aus dem Garten oder Rasen dem Kompost zuzusetzen.

Leuchten nach Würmern

Nach Würmern zu graben ist relativ umständlich und zeitaufwendig. Leichter kommt man zu einem ausreichenden Vorrat, wenn man ihnen nachts in Parks, auf Grünanlagen oder auf Fußballplätzen mit Taschen- oder Stirnlampen »heimleuchtet«. Der Würmerfang mit der Lampe ist nur zu Zeiten erfolgreich, in denen kein Nachtfrost auftritt. Am besten sind warme, feuchte Nächte mit leichtem Regen. Vorausgesetzt, man sucht sich die richtigen Stellen aus und ist nicht allzu ungeschickt, können im Laufe einer Stunde ohne weiteres einige hundert Würmer gefangen werden. Abgelegene, stille Grasflächen eignen sich nicht so gut zum Sammeln, da die Würmer dort sehr scheu sind und sich schon bei der leisesten Erschütterung in ihre Löcher zurückziehen. Besser sind Flächen, die auch nachts etwas beleuchtet sind und auf welchen immer ein gewisser Betrieb herrscht.

Das »Werkzeug« besteht aus einer Wurmdose und einer Taschen- oder Stirnlampe, die mit durchscheinendem roten Papier abgedeckt ist. Man vermeide bei der Annäherung heftige Tritte, da sich dann die Würmer verkriechen. Nun heißt es hinunter auf alle Viere. Ungeübte benötigen einige Zeit, bis sie ihre Augen auf die Würmer eingestellt haben. Wenn man einen Wurm entdeckt hat, packt man ihn blitzschnell am Hinterende. Steckt der Wurm noch zum Teil in seinem Loch, so darf nicht zu schnell angezogen werden, da er sonst in Stücke geht. Er wird einige Sekunden lang unter leichtem, aber gleichmäßigem Zug gehalten, dann läßt er von selbst los. Wenn man Probleme hat, die Würmer festzuhalten, weil sie einem ständig durch die Finger rutschen, so nehme man etwas feinen Schweißsand, der in einer kleinen Dose mitgeführt wird, zwischen die Finger.

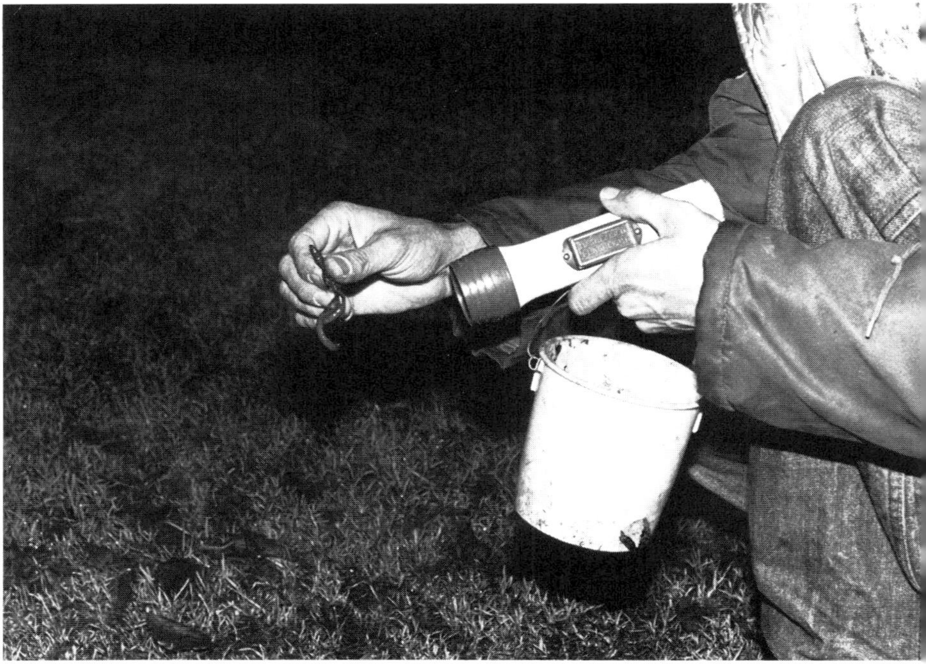

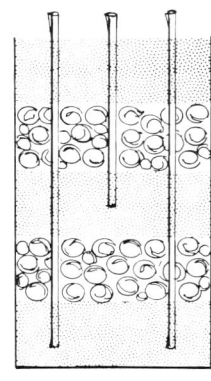

Auf nächtlichem Wurmfang.

Anlegen eines Wurmgartens

Wenn man nicht vor jedem Angeltag aufs neue nach Würmern suchen will, vor allem auch für kalte Zeiten, wo weder im Komposthaufen noch in den Gärten und Parkanlagen Würmer zu finden sind, lohnt es sich einen eigenen Wurmgarten anzulegen.

Hierzu wird eine große Plastikwanne benötigt, beispielsweise eine Babybadewanne von etwa 50 l Fassungsvermögen. Plastikwannen sind billig, lang haltbar und leiten im Gegensatz zu Holzwannen die Wärme, welche bei der Humusbildung entsteht, gut ab.

Wenn Würmer über mehrere Monate hinweg gehalten werden sollen, darf die Wanne nicht zu dicht besetzt sein. Eine normale Babybadewanne bietet 250–300 Würmern Raum.

Den Wurmgarten legt man wie folgt an: Zuerst werden die gesammelten Würmer sortiert. Dazu füllt man Erde in einen Eimer und legt alle Würmer oben auf. Würmer, die nach 12 Stunden immer noch oben liegen, sind krank oder

Schematische Darstellung eines »Wurmgartens«. Er besteht aus drei Schichten Humus und zwei Schichten Zeitungspapierkugeln. Zur Entlüftung werden Röhren aus Zeitungspapier senkrecht hineingesteckt.

82

angeschlagen und werden ausgemustert. Die übrigen werden vorsichtig wieder aus der Erde herausgeklaubt. In der Zwischenzeit baut man den eigentlichen Wurmgarten. Der Boden der Wanne wird mit einer 20 cm hohen Schicht aus Humus, Moos oder aus feuchten Säcken bedeckt. Man verwende keine Torferde, wie man sie im Geschäft kaufen kann, da sie meist ziemlich viele Wurmleichen enthält (Krankheitsgefahr für die Würmer!). Auf diese Schicht kommt eine Lage aus Zeitungspapierkugeln von Tennisballgröße. Diese Schicht soll etwa 15–20 cm dick sein. Die Kugeln binden Feuchtigkeit und lockern die Erde auf. Darauf kommt eine weitere 20 cm Schicht Humus, dann wieder Papierkugeln . . . usw. Nun fertigt man einige Röhren aus Zeitungspapier – sie sollten verschieden lang sein – und steckt sie senkrecht nach unten in die Erde. Sie dienen als Ventilationskamine und leiten zudem überschüssige Wärme ab.

Die sortierten Würmer werden nun oben aufgelegt und graben sich schnell in die Erde ein. Das Ganze wird mit einem feuchten Sack abgedeckt, der bei trockenem Wetter regelmäßig gegossen werden muß. Bei entsprechender Anordnung kann man sich leicht 1000 Würmer z. B. in drei übereinandergestellten Plastikwannen halten. Als Aufbewahrungsraum eignet sich am besten ein kühler, etwas feuchter Keller. Bevor man auf Angeltour geht, werden soviele Würmer wie man benötigt, aus der obersten Humusschicht ausgegraben. Nach dem Angeltag sortiert man von den übriggebliebenen Würmern schlappe und tote aus und legt den Rest wieder zurück in den Wurmgarten. Falls die Umweltbedingungen in Ordnung sind, können die Würmer das ganze Jahr über im Wurmgarten gehalten werden. Voraussetzung ist natürlich, daß sie im Winter an einem frostfreien Platz stehen.

Weißbrot

Weißbrot ist ein hervorragender Köder für Plötze, Rotfeder, Schleie, Nerfling (Aland) und Karpfen. Mit schwimmenden Brotrinden fängt man in erster Linie Schleie, Nerfling, Karpfen und Rotfeder. Am besten eignet sich frisches Weißbrot mit harter Rinde. Die Brotfüllung wird beim Anködern leicht um den Hakenschaft gepreßt, damit das Brotstückchen festsitzt.

Mais

Auch Dosenmais ist ein vielseitig verwendbarer Köder, der in den vorhergehenden Kapiteln mehrmals erwähnt wurde. Man kann ihn in fast jedem Geschäft kaufen. Mais ist gleichermaßen gut als Angel- wie als Anfütterungsköder.

Nebenbei bemerkt habe ich vor kurzem gelesen, daß beim Grundangeln eine kapitale Bachforelle von 5 kg auf den Maisköder gebissen hat. Nachher stellte sich heraus, daß der Fisch schon den Inhalt einer halben Maisdose im Magen hatte.

Maden

Maden sind Larven von Fliegen. Verwendung finden sie insbesondere beim Wettfischen. Zum gewöhnlichen Angeln werden sie weniger oft benützt, da sie in der Regel nicht leicht zu beschaffen und recht teuer sind.

Es gibt verschiedene Arten von Maden, die sich in Größe und Färbung unterscheiden. Mit den größeren beködert man den Haken, die Kleinen verwendet man zur Anfütterung. Tote oder tiefgefrorene Maden taugen nicht als Köder. Maden bewahrt man an einem kühlen Ort auf. Es sollten niemals mehr Maden als nötig auf die Angeltour mitgenom-

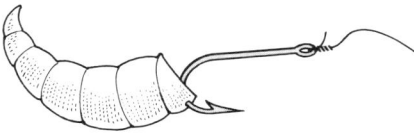

So ködert man mit Maden an.

So werden verpuppte Maden beködert.

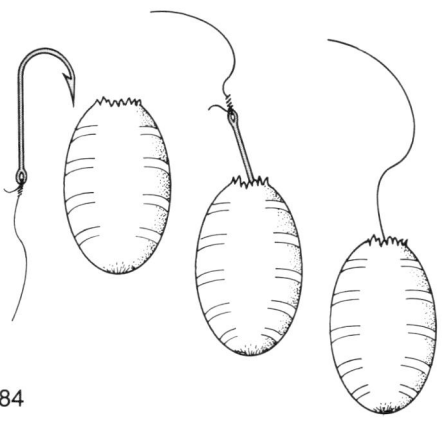

Maden, die Larven von Fliegen, sind relativ kostspielige Köder und manchmal schwierig zu beschaffen. Man kann sie jedoch auch selbst züchten. Dazu baut man sich einen Fliegenkäfig, dessen Wände aus Fliegengitter bestehen. Nun wird ein toter Fisch, z. B. eine 500 g Plötze ins Freie in die Sonne gelegt, möglichst an einen Ort, wo es viele Schmeißfliegen gibt. Das sind die Fliegen mit dem auffallend grün- oder blauschillernden Körper. Meist dauert es nicht lange, bis die Fliegen einige Eipakete auf dem Fisch abgelegt haben. Dieser wird dann in einem Eimer in den Fliegenkäfig gestellt. Etwa nach einer Woche schlüpfen die Maden aus den Eiern. Der Inhalt des Eimers wird nun auf einen Drahtrost gelegt, damit die Larven herunterfallen oder aber in eine Schachtel mit Sägemehl gebracht. Die Maden gehen ins Sägemehl und können auf einem Sieb vom Sägemehl abgetrennt werden.

Statt Fisch kann auch Schweineherz als Lockmittel für Fliegen bzw. Nahrung für etwa 300 Maden verwendet werden. Die Schmeißfliegenlarven sind recht klein und werden daher nur zum Anfüttern und nicht als Angelköder verwendet.

men werden, da ständiger Milieuwechsel die Verpuppung der Maden beschleunigt. Maden werden an kleine Haken geködert, beispielsweise eine Made auf Hakengröße 18, 2−5 Stück auf die Größen 10−16.

Beim Anködern achte man darauf, daß der Madenköder nicht irgendwo in der Mitte durchstochen wird. Am dickeren Ende der Made befindet sich ein häutiges Endsegment mit zwei schwarzen Punkten. Der Haken wird zwischen den Punkten durchgestochen. Auf diese Weise kann sich die Made am Haken bewegen und ist ein fängiger Köder.

Nach einer gewissen Zeit werden die Maden braun und hart − sie haben sich verpuppt. Deswegen sind sie jedoch für das Angeln nicht wertlos geworden, da man sie immer noch als Angel- und Fütterungsköder verwenden kann. Beim Anködern steckt man den Haken durch das dicke Ende der Puppe und dreht ihn dann um 180 Grad.

Mehlkleister

Als Mehlkleister wird ein Teig bezeichnet, den man aus Mehl, mit etwas Wasser vermischt, solange knetet, bis er zäh ist und nicht mehr an den Fingern pappt. Mehlkleister setzt man vor allem beim Angeln auf Plötzen und Rotfedern ein. Er wird in kleinen Stückchen abgerissen, zu Kugeln geformt und auf die Hakenspitze aufgesetzt. Dieser Köder ist im stehenden Wasser zu verwenden, eignet sich jedoch weniger für Fließgewässer.

Anfütterung

Zu den wichtigsten Vorbereitungen beim Grundangeln zählt das Anfüttern. Man wirft beim Anfüttern bestimmte Futtermittel, auch Grundfutter oder Grundköder genannt, ins Wasser ein und zwar an die Stelle, an welcher später geangelt werden soll. In das Grundfutter werden in der Regel Futterstückchen, die dem späteren Hakenköder (Maden, Würmer, Mais usw.) entsprechen eingemischt (Lockfutter). Vor allem beim Wettfischen, wo es darauf ankommt, in einem recht begrenzten Areal in kurzer Zeit möglichst viele Fische zu erbeuten, ist das Anfüttern unerläßlich. Grundsätzliche Ziele des Anfütterns sind, Fische aus der weiteren Umgebung zum Fangplatz zu locken, sie dort über einen längeren Zeitraum zu binden und sie an einen Köder, mit dem später auch geangelt wird, zu gewöhnen. Durch die auf eine möglichst engbegrenzte Stelle dargebotene, konzentrierte Futtergabe, wird den Fischen gleichsam vorgespiegelt, sie hätten nun »das Futterparadies« entdeckt. Dieser Effekt trägt vermutlich auch dazu bei, daß ihr natürliches Mißtrauen gegenüber dem Köder abnimmt.

Anfüttern kann man je nach Fischart und zeitlichen Möglichkeiten mehrere Stunden bis Tage vor dem eigentlichen Angeln. Vor allem bei scheuen Fischen wie Schleien, Karpfen und Brachsen lohnt sich mehrmalige Anfütterung im Laufe einer Woche vor dem Angeltag. Bei manchen Fischarten, z. B. Plötzen und Rotfedern ist es empfehlenswert, auch während des Angelns kontinuierlich weiterzufüttern.

Wichtig beim Anfüttern ist, daß die Futterplätze gleichzeitig auch geeignete Fangplätze darstellen. Man achte darauf, daß sie frei von Unterwasserhindernissen sind und daß sie in Reichweite eines geeigneten Standplatzes mit

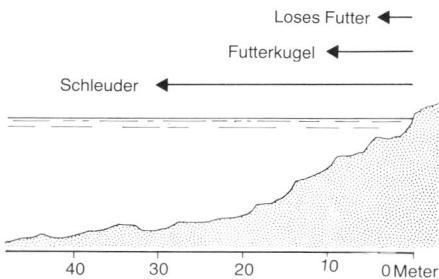

Loses Futter ◀
Futterkugel ◀
Schleuder ◀

40   30   20   10   0 Meter

Wurfweiten bei unterschiedlichen Anfütterungsmethoden.

Mit der Futterschleuder kann man sowohl loses Futter als auch Futterkugeln weit und zielgenau befördern.

Sichtdeckung für den Angler liegen. Die Größe des Platzes, auf die das Futter verteilt wird, hängt davon ab, welche Fische man anlocken will und vor allem, mit welcher Anzahl von Fischen zu rechnen ist. Je kleiner der einzelne Fisch und je geringer die Anzahl, desto kleiner sollte auch der anzufütternde Platz sein. Wenn es darum geht, nur einige Rotaugen anzufüttern, genügt in der Regel ein Platz von 2–3 m². Will man jedoch einen großen Brachsenschwarm an Ort und Stelle halten, so ist es angebracht, das Futter auf ein Gebiet von etwa 2×5 m zu verteilen.

Auch die Futtermenge ist auf Zahl und Größe der Fische abzustimmen. Es wäre falsch soviel Futter zu geben, daß die Fische sich satt fressen können und dann keine Lust mehr haben, den Köder zu nehmen. Die Futtermenge muß dagegen so groß sein, daß die Fische angelockt und ihr Appetit gerade geweckt wird. Grundsätzlich ist es besser,

86

in vielen kleinen Portionen zu füttern, als einmalig viel Futter zu geben. Wenn man erst kurz vor dem Angeln, also am gleichen Tag anfüttert, genügen in der Regel einige Hände voll Grundfutter, das mit dem jeweiligen Lockmittel – dem späteren Angelköder z. B. kleinen Kompostwürmern, zerschnittenen Regenwürmern oder Maden usw. angereichert ist. Füttert man über mehrere Tage hinweg an, so gibt man anfangs relativ viel Futter. Kurz vor Angelbeginn setzt man die Futtermenge herab.

Wiederfinden des Futterplatzes

Vor allem wenn man an mehreren Tagen anfüttert, ist es notwendig, sich den Futterplatz genau zu merken, um nicht Gefahr zu laufen, das Futter zu weit zu streuen und möglicherweise dann auch noch 10 m abseits der Futterstelle zu angeln. Am einfachsten ist natürlich, eine kleine Boje beispielsweise in Form eines Schwimmers, verbunden mit Bleilot und Schnur, einzuwerfen. Will man seinen Futterplatz jedoch geheimhalten, so empfiehlt sich folgende Methode: Man wirft mit der Angel einen Schwimmer an eine Stelle aus, die auf Grund irgendwelcher Marken im Wasser (Pfähle, Schilfbüschel, Bojen usw.) oder am gegenüberliegenden Ufer (Bäume, Masten etc.) genau

angepeilt werden kann. Dies ist der zukünftige Futterplatz. Nach dem Auswerfen markiert man die Angelschnur direkt über der Rolle mit einem Stückchen farbigen Bindfadens. Nun hat man die genaue Entfernung zwischen Futterplatz und Standplatz fixiert. Beim nächsten Fütterungstermin kann man durch erneutes Werfen genau in Peilrichtung und bis zur Schnurmarkierung exakt die gleiche Stelle wiederfinden. Gleiches gilt natürlich dann auch für das Angeln.

Futterschleuder

Man kann das Futter auf unterschiedliche Art ins Wasser bringen. Auf kurze Distanzen wird das lose Futter einfach mit der Hand eingeworfen. Mittels eines Suppenlöffels, mit dem das Futter hinausgeschleudert wird, bringt man loses Futter zielgenauer und etwas weiter hinaus als mit der Hand. Für noch weitere Distanzen sind Futterkugeln aus Grundfuttermasse, in die das Lockfutter eingemischt wird, erforderlich. Diese kann man mit einer Futterschleuder an Ort und Stelle befördern. Mit der Futterschleuder sind, falls man die nötige Praxis hat, sehr zielsichere und weite Würfe möglich. Es gibt Futterschleudern sowohl für loses Futter als auch für feste Futterkugeln.

Grundfutter

Unter Grundfutter versteht man eine Masse, die meist teigartige Konsistenz hat und die mit dem eigentlichen Futter, auch Lockfutter genannt, angereichert wird. Grundfutter wird also in erster Linie als »Transportmittel« verwendet, um das Lockfutter (den späteren Hakenköder) an den dafür bestimmten Ort zu bringen. Es soll auch dazu beitragen, daß das Futter z. B. in Fließgewässern nicht zu schnell verfrachtet, sondern dosiert abgegeben wird. Meist verwendet man feingemahlenes Brot, Semmeln oder Paniermehl als Material zur Herstellung des Grundfutters. Die Konsistenz des Grundfutters, das in der Regel zu Kugeln geformt wird, muß auf die jeweiligen Verhältnisse abgestimmt sein. Beim Angeln in stehenden Gewässern ist es meist erwünscht, daß die Kugeln relativ locker sind, damit sie beim Aufprall auf dem Wasser zerplatzen und das Futter etwas am Gewässerboden verstreut wird. Im Fließgewässer dagegen ist festere Konsistenz angebracht, so daß sich die Futterkugel erst am Boden auflöst.

Abb. links unten: Das Brotmehl wird mit ans Fischwasser genommen, dort mit Wasser gemischt und zu einem Teig geknetet. Diesem setzt man Mais, Wurmstückchen oder Maden als Lockfutter zu und formt Futterkugeln aus der Masse.

Abb. rechts: Aus einem kleinen Weißbrot lassen sich je nach gewünschter Konsistenz und nach Menge des Lockfutters 4–6 Futterkugeln herstellen.

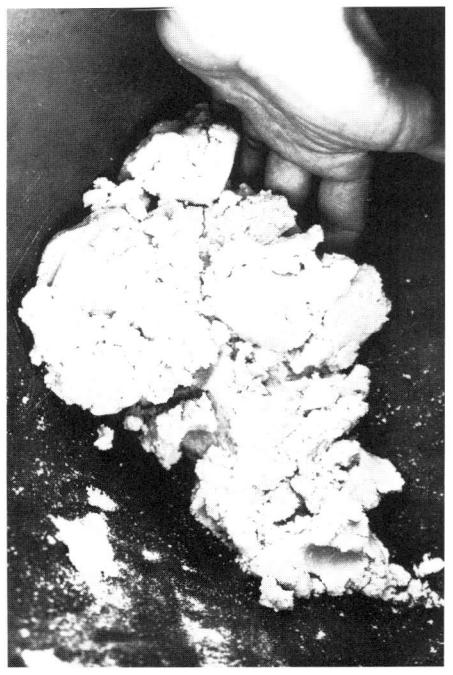

Zubereitung von Grundfutter

Grundlage ist altes, trockenes Weißbrot oder Semmeln. Man bekommt beides meist billig beim Bäcker. Die Brotrinde wird abgeschält und die weiße Füllung in Scheiben geschnitten. Diese trocknet man im Heizungskeller oder im Backrohr noch einmal richtig aus. Dann bricht man sie in kleine Stücke und malt diese in einem Fleischwolf oder einer Körnermühle. Nun wird das Brotmehl gesiebt und dabei grobe Bestandteile abgetrennt. Es ist ratsam, das Brotmehl gleich in größeren Mengen herzustellen.

Am Fischwasser mischt man das Mehl in einer Schüssel oder einem Eimer mit Wasser und knetet es solange, bis es die Konsistenz von Kuchenteig aufweist. Wenn die Sache zu wässrig geworden ist, gibt man weiteres Mehl zu. Nach dem Kneten läßt man die Masse einige Minuten ziehen.

Das Grundfutter wird nun mit dem jeweiligen Lockfutter vermischt (z. B. Mais, Regenwürmer, Kompostwürmer, Brotstückchen, Maden) und zu Kugeln geformt. Die Futterbälle können ohne weiteres 20–30 m weit geworfen oder geschleudert werden.

Man überprüfe vor dem Wurf die Konsistenz des Futterballes an einer geeigneten Stelle in Ufernähe, so daß man sehen kann, ob die Kugel sich beim Aufprall im Wasser schön auflöst.

Als Grundfutter können auch Küken-, Schweine- oder Fisch-Fertigfuttermittel eingesetzt werden.

Hat man das Grundfutter einmal vergessen oder war keine Zeit für die Zubereitung, kann zur Not auch Lehm oder feuchte Erde als »Grundfutter« verwendet werden.

Kompost als Futter

Die nahrungsreiche Komposterde ist ein Paradies für alle möglichen Kleintiere vor allem für kleine Rotwürmer, die nur einige Zentimeter lang werden. Wenige Hände voll Komposterde beherbergen oft hunderte dieser Würmer. Komposterde ist deshalb ein ideales Futter für Friedfische. Komposterde eignet sich auch sehr gut für Anfütterungsprogramme, die über mehrere Tage gehen. Zwischen der letzten Fütterung und Angelbeginn sollten 15–60 Minuten liegen. Es hat sich herausgestellt, daß man mit den stark duftenden Kompostwürmern sogar Aale anlocken kann. Kein Wunder, denn Aale haben den am besten entwickelten Geruchssinn unter den Fischen.

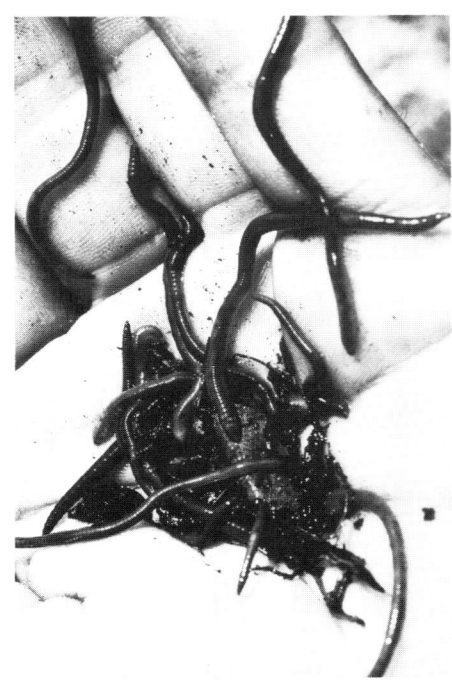

Wurmreiche Komposterde ist ein ausgezeichnetes Futtermittel.

90

Modernes Grundangeln

In uns allen liegt der Drang, eine Sache die wir können immer weiter zu verbessern, neue Varianten herauszufinden, noch feinere Methoden zu entwickeln. Dies gilt natürlich auch für das Angeln. Ständig ist man bestrebt, Tricks und Kniffe, die helfen noch mehr Fische zu überlisten, selbst herauszufinden oder sie anderen zu entlocken.

So mancher, der zu Beginn Angeln nur als reinen Spaß angesehen hat, an den man nicht zu viele Gedanken verschwenden mußte, wird im Laufe der Zeit immer mehr vom »Angelfieber« gepackt. Damit wächst der Ehrgeiz auch das vorsichtigste Schnappen des Fi-

sches zu bemerken, den Anhieb noch schneller zu setzen und den Köder noch verlockender zu servieren. Einige der aus dieser Entwicklung erwachsenen, modernen Methoden und Geräte sollen in diesem Kapitel vorgestellt werden.

Schrotblei

Schrotblei oder Bleischrot verwendet man zum Austarieren des Floßes, um Wurfgewicht zu erzeugen und zur Vorfach- und Hakenbeschwerung. Englische und Französische Floße sind nach

Was für den Fliegenfischer das Fliegensortiment, ist für den Grundangler die Schwimmerkiste. Beim Wettangeln und bei der Specimen-Fischerei (Angeln auf große, scheue Fischarten) kommt der Wahl des richtigen Schwimmers besondere Bedeutung zu.

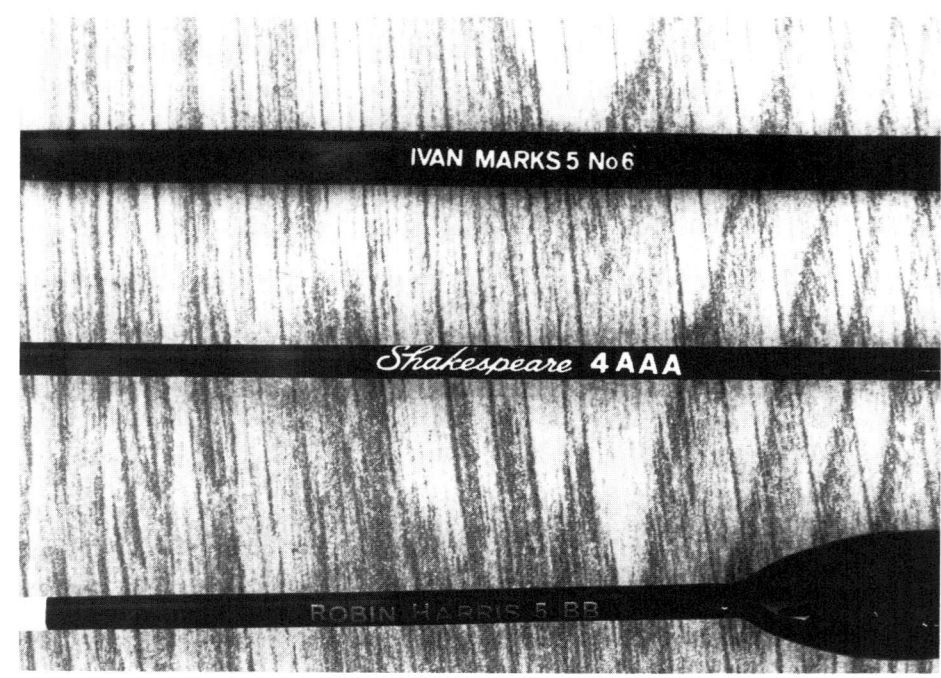

IVAN MARKS 5 No 6

Shakespeare 4 AAA

ROBIN HARRIS 5 BB

einem bestimmten System klassifiziert und bezeichnet, das dem Angler ermöglicht, die für jeden Schwimmer optimale Schrotbleigröße herauszufinden.[1]) Es handelt sich dabei um Buchstaben und Zahlen wie z. B. »AAA«, »BB« oder »5 No 6«.

Schrotblei gibt es in verschiedenen Gewichten zwischen 1,8 g (swanshot) und solchen von Bruchteilen eines Grammes (micro-dust). Nach abnehmender Größe geordnet, ergibt sich folgende Reihenfolge: SSG, SG, AAA, BB, 1, 2, 4, 6, 8, 10, 12. Die natürliche Größe der Bleie wird in der Abbildung wiedergegeben. Die einzelnen Schrote können nach folgendem Verhältnis gegeneinander ausgetauscht werden:

2 AAA = 1 SSG
2 BB = 1 AAA
3 No 1 = 1 AAA

Ein Schwimmer mit der Aufschrift 5 BB, ist mit 5 Bleischroten der Gewichtsklasse BB optimal austariert.

Viele Schwimmer sind mit genauen Angaben für die richtige Bleibeschwerung versehen.

Größen und Bezeichnungen für Schrotbleie.

SSG	SG	AAA	BB	1	2
4	6	8	10	11	12

Es kommt vor, daß das wirkliche Gewicht der Bleischrote nicht ganz exakt mit dem für sie angegebenen Gewicht übereinstimmt. Es empfiehlt sich daher, die Schwimmertarierung vor dem Angeln im Wasser zu überprüfen und gegebenenfalls mit einigen kleinen Schroten eine Feinjustierung vorzunehmen.

---

[1]) An deutschen Fabrikaten ist oft das optimale Belastungsgewicht in Gramm aufgedruckt.

92

Schwimmer

Der Wahl des richtigen Schwimmers für die jeweiligen Verhältnisse im Hinblick auf Gewässer und Witterung kommt große Bedeutung zu, insbesondere beim Wettfischen und bei der sog. Specimen-Fischerei. Specimen-Fischerei ist ein Fachausdruck für das Angeln auf große, scheue Fische, die nur sehr schwer an den Haken zu bringen sind. Im folgenden werden einige der wichtigsten Schwimmertypen und ihre spezielle Einstellung dargestellt:

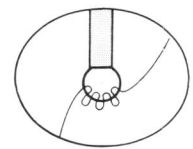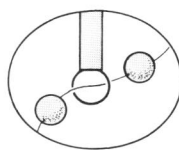

Befestigung des Schwimmers an der Schnur.

Links: Die Schnur wird viermal durch die Schwimmeröse geführt. Diese Art der Befestigung läßt rasche Verstellung der Schwimmertiefe zu. – Rechts: Der Schwimmer wird durch zwei Schrotbleie justiert.

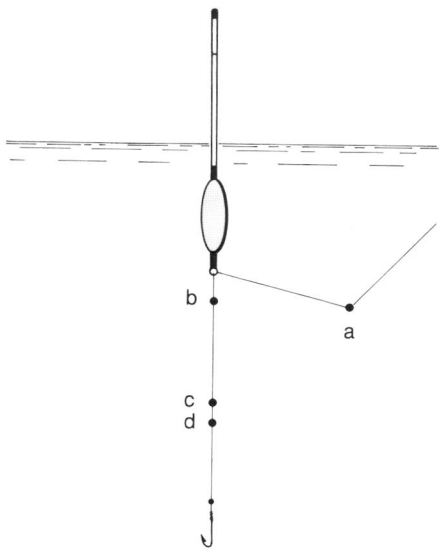

Richtige Schwimmerbeschwerung

Je stärker die Strömung ist, um so weiter werden die Schrotbleie in Richtung Haken geschoben. Schwimmer mit hochliegendem Körper eignen sich am besten für Fließgewässer (Avon). Solche mit weit unten liegendem Körper (Antenne, Missile) verwende man im stehenden Gewässer.

a »Windschrot«
Dieses Schrotblei dient nicht der Schwimmerbelastung, sondern sorgt dafür, daß die Schnur unter Wasser bleibt und damit »Fehlalarm« durch Einwirkung des Windes auf die Schnur vermieden wird. Das Windschrot wird 12–25 cm vom Schwimmer entfernt plaziert.

b »Steuerschrot«
Nur wenige Schwimmer haben ein eingebautes Wurfgewicht. Das Steuerschrot, ca. 12–25 cm unterhalb des Schwimmers montiert, verbessert die Wurfeigenschaften des Floßes entschieden.

c »Balanceschrot«
Balanceschrote dienen zur Austarierung des Schwimmers. Sie stellen sicher, daß der Schwimmer richtig im Wasser steht und schon das kleinste Schnappen anzeigt.

d »Hakenschrot«
Das Hakenschrot sorgt dafür, daß der Haken schnell in die richtige Fischtiefe gelangt, und daß der Schwimmer, wenn der Fisch den Köder nimmt, sofort etwas nach oben steigt.

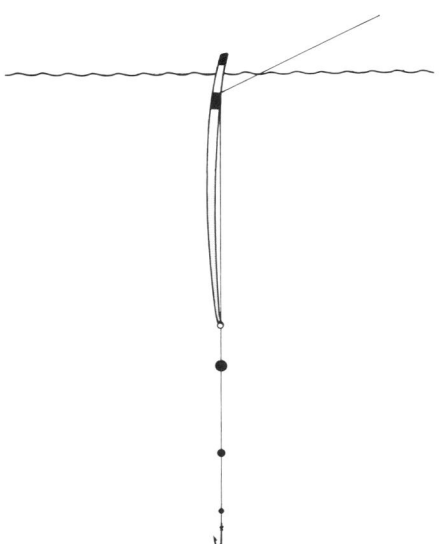

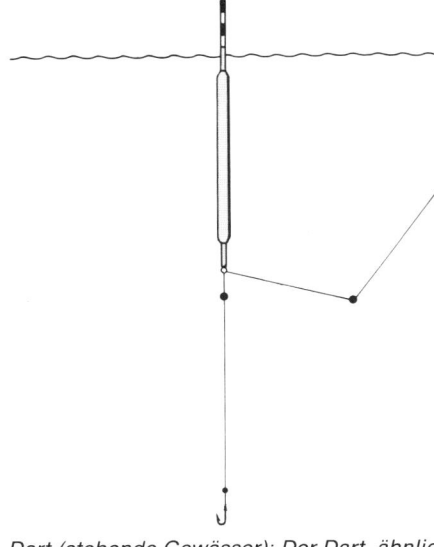

Federkiel oder Stachelschweinpose (stehende und fließende Gewässer): Ein guter allround Schwimmer für windstille Tage in stehendem oder langsam fließendem Wasser, geeignet nur für kurze Wurfweiten und Wassertiefen unter 1,5 m.

Dart (stehende Gewässer): Der Dart, ähnlich zu verwenden wie die Stachelschweinpose, ist jedoch auf Grund seiner größeren Tragkraft schwerer zu belasten und damit weniger windanfällig.

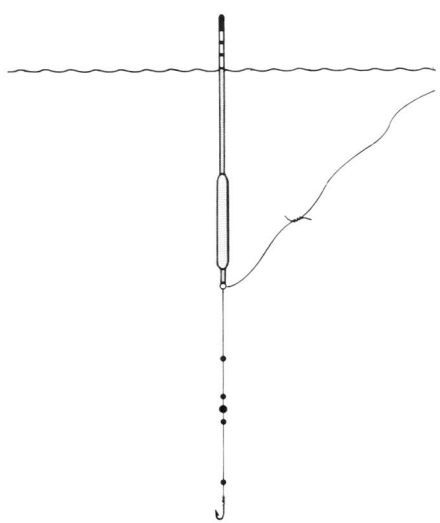

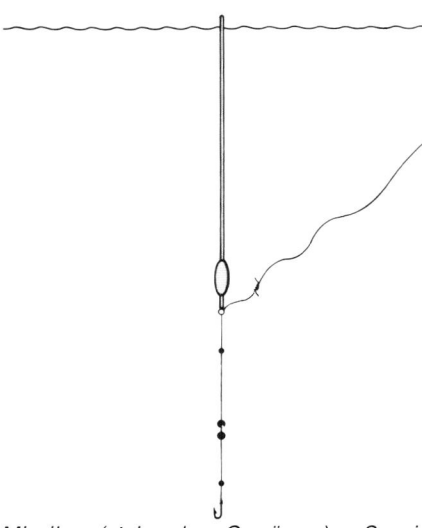

Antennenschwimmer (stehende Gewässer): Ausgezeichnet für weite Würfe und große Wassertiefen. Das erste Bleischrot unterhalb des Schwimmers verhindert Verwicklungen beim Wurf.

Missile (stehende Gewässer): Spezialschwimmer für besonders weite Würfe und große Wassertiefen. Der Schwimmer hat ein eingebautes Wurfgewicht.

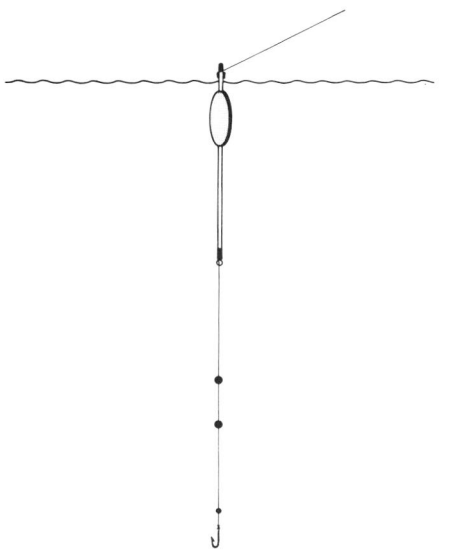

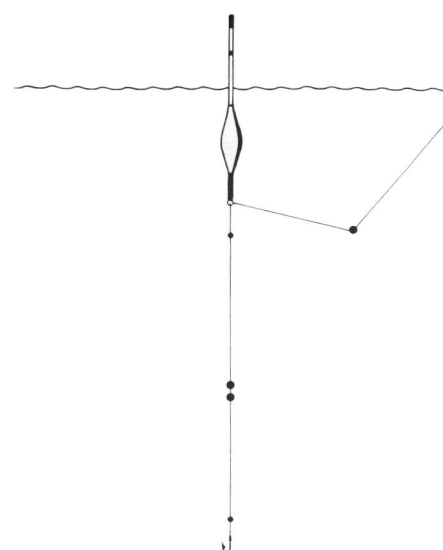

Avon (Fließgewässer): Einer der am häufigsten verwendeten Schwimmer. Geeignet für Wassertiefen bis maximal 3 m. Der Avon ist schlecht bei Wind, der in Stromrichtung bläst.

Zoomer (Fließgewässer): Für weite Würfe und Wassertiefen bis 2 m. Die meisten Zoomer-Schwimmer haben ein eingebautes Wurfgewicht. Der Schwimmer auf dem Bild wird mit »Windschrot« gefischt.

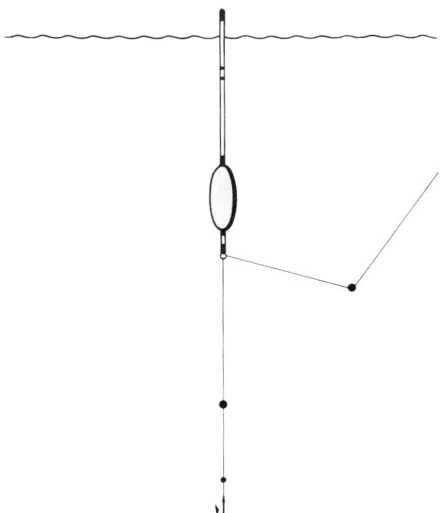

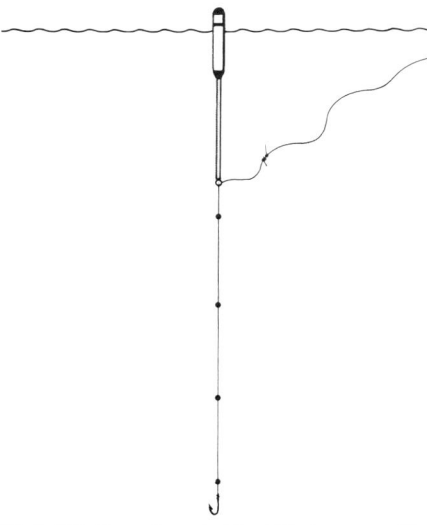

Ducker (Fließgewässer): Der Ducker-Schwimmer ist fast ebenso populär wie der Avon. Er ist speziell für solche Tage brauchbar, in denen der Wind in Stromrichtung bläst.

Stick (Fließgewässer): Ideal für langsam fließende Gewässer und windstille Tage. Ungeeignet für Verhältnisse mit Wind in Strömungsrichtung.

Bodenangeln mit Schwingspitze

Für das Bodenangeln werden eigene Bißanzeiger benötigt, da die normalen Ruten meist nicht empfindlich genug sind um auch das kleinste Schnappen des Fisches anzuzeigen.

Zu diesem Zweck gibt es besonders sensible Rutenspitzen, die sogenannten Schwingspitzen. Die Schwingspitze kommt aus England und wurde eigentlich für das Wettfischen entwickelt. Inzwischen ist sie jedoch auch beim normalen Bodenangeln auf scheue Fische, z. B. Brachsen, vielerorts sehr populär geworden.

Bei der Schwingspitze handelt es sich um eine ca. 25–30 cm Glasfiberrutenspitze, die mittels einer Nylon- oder Gummiverbindung auf die normale Rute aufgesteckt werden kann. Es gibt auch Schwingspitzen zum Aufschrauben. Dafür benötigt man keine neue Rute, sondern muß lediglich die normale Spitzenöse gegen eine Spezialöse mit Gewinde austauschen.

Die Schwingspitze beginnt schon beim kleinsten Zupfen des Fisches am Köder

Die Verwendung von Schwingspitzen beim Bodenangeln wird immer populärer.

Schwingspitzen sind hochsensible Rutenspitzen, die selbst den kleinsten »Schnapper« registrieren. Wenn der Fisch mit dem Köder Richtung Angelplatz schwimmt, schwingt die Spitze nach innen. Schwimmt er vom Ufer weg, schwingt die Spitze nach außen.

(Gleitblei – oder Paternostergeschirr) hin und her zu pendeln und zeigt dadurch den Biß verläßlich an. Aus den Abbildungen wird deutlich, wie man die Schwingspitzenrute am Fischwasser aufstellt. Man achte besonders darauf, daß die Rute genau in oder gegen die Windrichtung liegt. Dadurch ist die Gefahr des Fehlalarms durch Windeinwirkung verringert. Die Schwingspitze kann auch ins Wasser getaucht werden um Störungen durch den Wind abzuschwächen.

96

Quiver-Spitze

Ein weiterer, sehr sensibler Bißmelder ist die sogenannte Qiver-Spitze. »Quiver« ist ein Englisches Wort und heißt soviel wie »bibbern« oder »zittern« – und genau das ist die Aufgabe der Quiver-Spitze. Auch sie besteht aus Glasfiber und wird, ähnlich wie die Schwingspitze, auf die Rutenspitze montiert. Wenn mit Quiver-Spitze gefischt wird, spannt man die Schnur nach dem Auswerfen so an, daß die Spitze ein bißchen abgebogen wird. Bei der kleinsten Berührung des Köders beginnt sie zu zittern.

Die Quiver-Spitze ist ein weiterer empfindlicher Bißanzeiger. Bei Berührung des Köders beginnt sie zu zittern.

Schwingspitzen kann man selbst fertigen, beispielsweise aus einer alten Rutenspitze, sowie aus Glasfiber- oder Leichtmetallrohr. Die Spitze wird über einen Gummischlauch mit einem Plastikstab verbunden, der oben an der Rutenspitze angeklebt wird.

Umbau einer Rute für das Angeln mit Schwing- oder Quiverspitzen: Die normale Spitzenöse wird entfernt und eine Spezialöse mit zur Schwing-Spitze passendem Gewinde eingepaßt. Oben eine montierte Metallschwingspitze, daneben eine Reservespitze aus Plastik, unten die besonders dünne Quiverspitze.

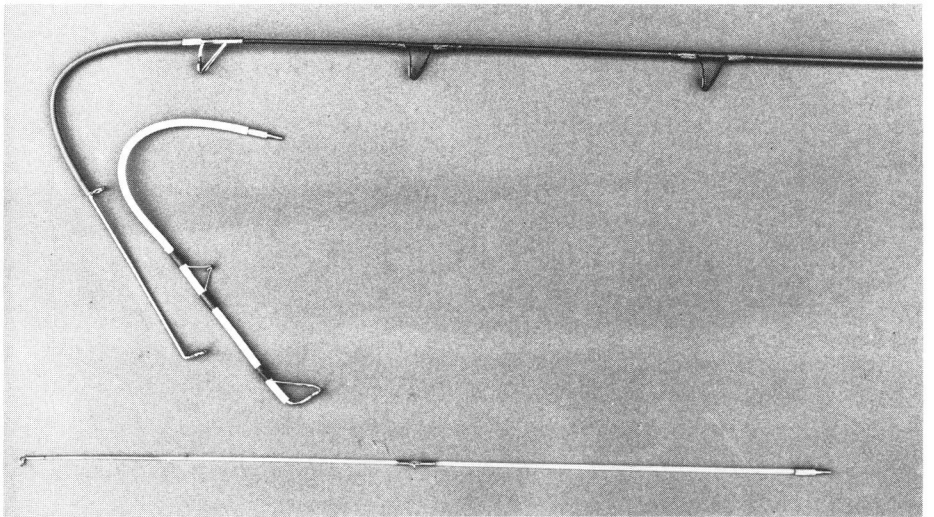

97

Futterkorb

Futterkörbe, häufig auch nach der englischen Bezeichnung »Swimfeeder« genannt, sind kleine, meist röhrenförmige, durchlöcherte Dosen, die über ein eigenes Vorfach mit dem Bodengeschirr verbunden und zusammen mit dem Hakenköder ausgeworfen werden. Es wird also geangelt und gleichzeitig in unmittelbarer Ködernähe angefüttert. Futterkörbe werden offen oder mit Deckeln verschlossen eingesetzt. Den geschlossenen Korb verwendet man, wenn mit Maden oder Rotwürmern gefischt und gefüttert wird. Nach dem Auswerfen kriechen die Tierchen aus den Wandlöchern des Futterkorbes und bilden eine für Fische verlockende Spur im Wasser. Der offene Futterkorb wird, nachdem das Lockfutter (Maden, Mais, Regenwurmstücke, Brotstückchen etc.) eingefüllt ist mit Grundfutterteig oder Lehm verschlossen ausgeworfen. Am Boden angelangt, werden die »Deckel« durch kräftige Rucke an der Schnur herausgedrückt und der Inhalt ergießt sich neben Vorfach und Haken auf den Boden. Futterkörbe sind überall dort angebracht, wo besonders präzises Anfüttern erforderlich ist, insbesondere auch beim Bodenangeln im Fluß und – falls es die Bestimmungen zulassen – beim Wettfischen.

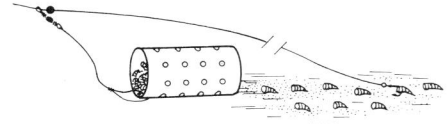

Verwendung des »offenen« Futterkorbes: Nach dem Wurf werden durch einen kräftigen Ruck an der Schnur die Deckel aus Grundfutterteig entfernt. Der Inhalt ergießt sich dicht neben dem Hakenköder auf den Gewässerboden. Futterkörbe verwendet man dort, wo es darauf ankommt, besonders präzise und mit kleinen Futtermengen anzufüttern, z. B. bei der Flußfischerei auf Brachsen und Nerfling sowie bei niedrigen Wassertemperaturen.

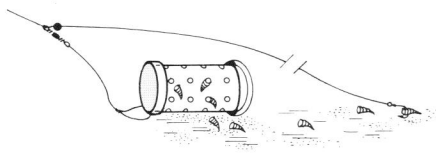

Aus dem »geschlossenen« Futterkorb müssen Maden und Würmer selbst heraus kriechen. Mit dem geschlossenen Swimfeeder ist noch zielgenaueres Anfüttern möglich als mit dem offenen.

Abb. unten: Ein Futterkorb (Swimfeeder) zum präzisen Anfüttern.

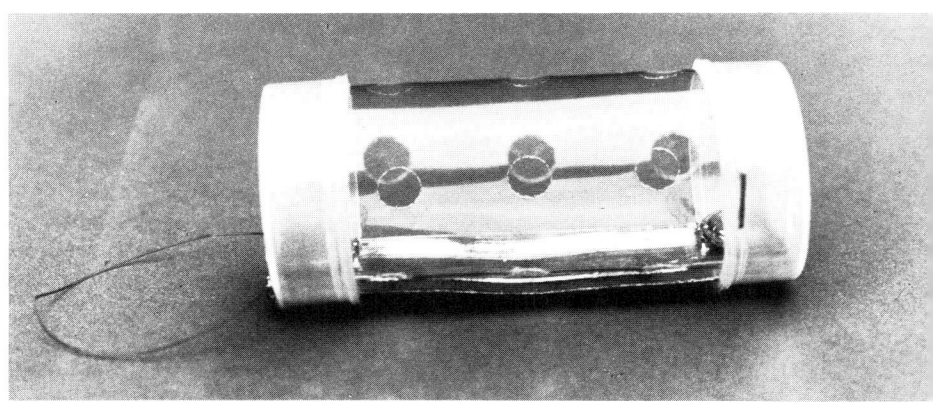

Sonstiges Zubehör

Ein kleiner und ein großer Plastikeimer oder einige verschließbare Plastikboxen benötigt man zur Aufbewahrung von Futter und Ködern.
Ein sehr effektives Gerät für präzises Anfüttern ist die Schleuder (Katapult). Voraussetzung für sinnvolle Anwendung ist, daß man vorher einige Male damit übt. Man achte beim Kauf darauf, daß der Gummi stark genug ist, um richtig Zug in die Schleuder zu bekommen.
Der Hakenlöser ist ein wichtiges Requisit, um tiefgehakte Fische vom Haken zu befreien. Entweder man besorgt sich eines der im Fachhandel erhältlichen Geräte, oder man verwendet eine langstielige »Chirurgenzange«. Diese ist

Zum Grundangeln gehört ein Hakenlöser. Schonende Behandlung der Fische muß oberstes Gebot sein.

99

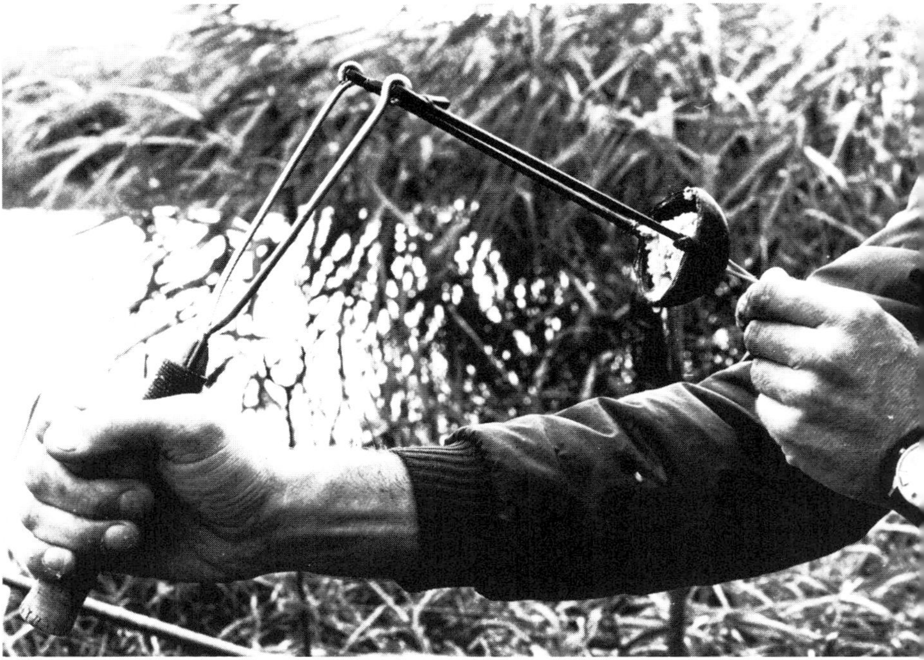

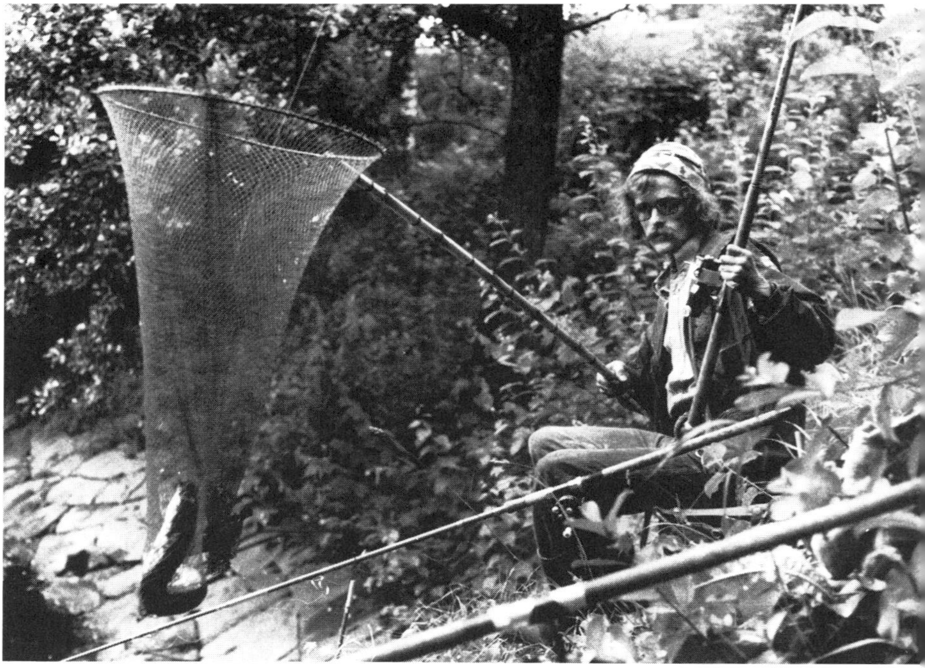

Abb. links oben: Futterschleuder für präzises Anfüttern.

Abb. links unten: Einen langstieligen Kescher (oder einen Teleskopkescher) sollte man immer dabei haben. Auf dem Bild wird ein Kescher mit Bambusstiel, der aus drei Teilen besteht, gezeigt.

Abb. rechts oben: Ein zusammenklappbarer Angelstuhl ist ein wichtiges Requisit des Grundanglers.

Abb. rechts unten: Zugwaage und Wiegenetz im Einsatz.

zwar wesentlich teurer, leistet dafür aber um so bessere Dienste.

Weiter gehört ein Lotblei zum Messen der Wassertiefe zur Standardausrüstung. Es gibt einige gute Lotbleitypen auf dem Markt, die man einfach am Haken befestigt.

Brillen mit polarisierten Gläsern empfehlen sich zum Floßangeln bei starker Sonneneinstrahlung. Zum einen ver-

bessern sie die Sicht auf den Schwimmer, da sie blendende Reflexe mildern. Zum anderen kann man die Fische besser sehen, da Spiegelungen an der Wasseroberfläche ausgeschaltet werden.

Sollen Fische gewogen und im Anschluß daran wieder zurückgesetzt werden, so verwende man große Plastiktüten oder ein richtiges Wiegenetz. Die Anschaffung eines Gerätekastens lohnt sich immer. Man bekommt damit Übersicht und Ordnung in die Vielfalt der Haken, Wirbel, Schwimmer etc.

Wenn an stark verkrauteten Gewässern gefischt wird, ist es ratsam, einen Rechen (ohne Stiel) dabei zu haben, den man an einer Leine befestigt auswirft, um damit die Wasserpflanzen zu lichten.

Die Unterläufe großer Flüsse sind geeignete Wettangelstrecken. Hier ein 15jähriger »Angelprofi« beim Anfüttern.

Wettfischen

In Frankreich und Belgien schon immer ein Nationalsport, hat das Wettfischen nach Friedfischen in den letzten Jahren auch in Deutschland zunehmend mehr Anhänger gefunden. Wie in anderen Sportarten auch, wurden ganze Kategorien nationaler und internationaler Wettkämpfe ins Leben gerufen, beginnend mit Vereins- und Bezirksmeisterschaften bis hinauf zu Deutschen, Europa und Weltmeisterschaften. Wettfischen unterliegt einem genauen Regelwerk, an das sich jeder der beteiligten Angler halten muß. Beispielsweise gibt es u. a. Vorschriften hinsichtlich des zu verwendenden Gerätes, des Anfütterns und der Behandlung des Fanges sowie über Länge und Breite der Startplätze.

Gefischt wird von genau abgegrenzten Uferplätzen über einen begrenzten Zeitraum hinweg. Gefangen und gewertet dürfen nur Friedfische werden. Wettfischen werden nicht allein unter rein sportlichen Gesichtspunkten veranstaltet. Sie sollen darüber hinaus auch der Hege und Bewirtschaftung von Fischbeständen dienen.

In letzter Zeit haben Naturschützer und besonnene Angler gegen das Wettfischen protestiert, da bei dieser Art von Angeln mit den Fischen nicht gerade zimperlich umgegangen wird. Inzwischen ist das Wettfischen starken Einschränkungen unterworfen und sogar in manchen deutschen Bundesländern verboten.

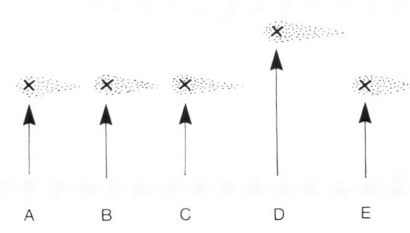

Gerät

Beim Wettfischen wird Spezialgerät verwendet, beispielsweise extrem leichte Ruten, die heute meist aus Kohlefaser bestehen, mit Längen zwischen 3 und 10 m. Die Ruten sind in der Regel unberingt. Da die verwendeten Schnüre und Vorfächer sehr dünn sind, kommen um Schnurbruch zu vermeiden, oft extraweiche Rutenspitzen zum Einsatz, die alle Schläge und Stöße abpuffern. Da sich während des Wettkampfes oft die Verhältnisse ändern, sich zum Beispiel Fische, die vorher dicht unter Land standen, weiter zur Strommitte bewegen, muß der Wettangler über eine möglichst große Auswahl verschieden langer Ruten verfügen.

Wettangeln erfordert extrem dünne, weiche Schnüre mit möglichst hoher Tragkraft. Man achte darauf, daß die Schnüre nicht glänzen, um Lichtreflexionen, welche die Fische abschrek-

Eine Spitzenplazierung beim Wettangeln kann nur über exakte Planung und Vorbereitung erreicht werden. Man muß auf alle denkbaren Angelsituationen eingestellt sein.

Fütterungstaktik. Wenn die Fische noch nicht lokalisiert wurden hilft es wenig, in einer Reihe mit den anderen Anglern in Strommitte anzufüttern. Man hilft dabei nur den Anglern in den Nachbarzonen A, B, C, und E. Der D-Angler dagegen, der allein am gegenüberliegenden Ufer füttert, lockt, wenn er eine gute »Spur« legt, Fische aus mehreren Nachbarzonen in seinen Bereich.

103

ken, zu vermeiden. Je nach zu fangender Fischart, Jahreszeit und Strömungsstärke, werden in der Regel Schnurstärken zwischen 0,10 und 0,14 verwendet. Die dünnsten Schnüre und Vorfächer (0,08) kommen in der kalten Jahreszeit zum Einsatz, da die Fische zu dieser Zeit weniger heftig kämpfen. Man sollte, als Anfänger beim Wettangeln, auf keinen Fall mit den dünnsten Schnüren beginnen. Der Umgang mit diesem Material erfordert viel Fingerspitzengefühl und Erfahrung.

Im allgemeinen werden zum Wettfischen kleinste, feinfühlige Posen mit möglichst großer Tragkraft und geringem Eigengewicht verwendet. Höchste Bedeutung kommt der exakten Austarierung der Pose zu. Normalerweise wird mit langschenkligen Rundbogenhaken geangelt. Über die Hakenfarbe gibt es die unterschiedlichsten Meinungen. Meist wird versucht, die Hakenfarbe so gut wie möglich der Farbe des verwendeten Köders anzupassen. Der erfahrene Wettfischer hat normalerweise einige Dutzend fertiger Vorfächer mit Haken vorbereitet. Diese sind auf die verschiedenen Rutenlängen abgestimmt und können bei Bedarf blitzschnell ausgewechselt werden.

Doch nicht allein perfektes Gerät, sondern in erster Linie auch gründliche Vorbereitung sowie überlegte Strategie und Taktik während des Wettbewerbs sind Wegbereiter für gute Erfolge. Hierzu einige Anregungen:

Abb. oben: Ordnung in Gerät und Futter trägt wesentlich zum Gelingen bei.

Abb. unten: Anfüttern, Werfen, Anhieb, Anlanden, Hakenlösen, Vorfach- und Schwimmerwechsel, alle Arbeitsgänge müssen schnell und flüssig, aber ohne Hektik ablaufen. Dies und Vertrauen zur eigenen Leistung zeichnet den guten Wettangler aus.

Abb. rechts: Bei der dänischen Meisterschaft am Gudena-Fluß.

104

Vor dem Wettbewerb

Wenn man das Fischwasser nicht kennt, so sollte an einigen Tagen vor dem Wettkampf trainiert werden. Hierzu gehört eine oder mehrere gründliche Begehungen und Befischungen der gesamten Wettkampfstrecke. Man teile die Strecke in unterschiedliche Zonen ein, die einzeln befischt werden, und merke sich für jede die charakteristischen Eigenschaften. Aufzeichnungen über den Verlauf der Wassertiefen, Strömungsrinnen, Fließgeschwindigkeit usw. sind wertvolle Hilfsmittel. Ebenso gilt es herauszufinden, auf welche Fischart der eine oder der andere Köder besser wirkt. Von Nutzen können auch Kenntnisse über die Entwicklung der Wetterverhätnisse sein. Plötzlich einsetzender Regen mit Wassertrübung und Wasserstandsveränderungen in der Folge, kann beispielsweise die noch am Vortag gültigen Gesetzmäßig-

keiten völlig über den Haufen werfen und Umstellung von Gerät, Köder und Taktik erforderlich machen.

Man sollte versuchen, sich auch schon von vornherein über die günstigste Strategie im Klaren zu sein. Meist ist es von Vorteil, sich auf eine ganz bestimmte Fischart zu konzentrieren um davon soviele wie möglich zu erbeuten. Es kommt nun auf die eigene Fertigkeit an, ob man, wenn sich beispielsweise sowohl Brachsen als auch Lauben zum Fang stellen, sein Glück damit versucht, einige große Fische oder aber viele kleine zu erbeuten. Auch was das Anfüttern anbelangt, sind Vorversuche sehr hilfreich. Damit lassen sich möglicherweise Fragen nach dem besten Köder, nach der richtigen Konsistenz des Grundfutters, dem besten Fütterungsrhythmus und der optimalen Futtermenge schon vorab beantworten.

Natürlich kann auch Losglück mitentscheidend für den Erfolg sein. Es liegt

105

in der Natur der Sache, daß nicht alle Startplätze gleich gut sind. Gute Vorbereitung gepaart mit solider Fangtechnik und wohlüberlegter Taktik können jedoch den Nachteil eines etwas ungünstigeren Startplatzes schnell wieder wett machen.

Während des Wettkampfes

Fehler passieren häufig schon beim Anfüttern. Durch anfängliche Mißerfolge nervös geworden, läuft man leicht Gefahr zu versuchen, durch möglichst große Futtergaben das Glück herbeizuzwingen. Damit wird jedoch meist nur das Gegenteil erreicht. Die Fische kommen zwar möglicherweise, und beißen auch anfangs, haben sich jedoch bald sattgefressen und lassen dann den Köder links liegen. Vor allem bei niedrigen Wassertemperaturen sollte sehr sparsam mit Futter umgegangen werden. Durch geschickte Anfütterung kann man versuchen Fischschwärme, die sich vor dem Angelplatz des Nebenmannes »eingenistet« haben, von dort zum eigenen Platz zu locken. Dazu muß die Futterkugel so eingeworfen werden, daß sie sich über dem eigenen Platz auflöst und die Futterstückchen eine Lockspur bis in die benachbarte Zone hinein bilden.

Ein guter Wettfischer ist auch ständig im Bilde was um ihn herum passiert. Zieht der Nebenmann plötzlich den einen oder anderen guten Brachsen heraus, während man selbst noch auf Plötzen fischt, so sollte man, da augenscheinlich ein Brachsenschwarm in der Nähe ist, Gerät und Taktik umstellen.

Schnelles, flüssiges Arbeiten ist Grundlage jeden Erfolges beim Wettfischen: Auswerfen, Anhieb, Anlandung, Hakenlösen und erneutes Anködern – alle Bewegungen und Handgriffe müssen automatisch ablaufen. Wichtig ist, daß der Köder immer wieder schnellstmöglich

Einer der führenden Wettangler Europas, der Engländer Jan Heaps, nach einer spannenden Brachsenfischerei in einem südschwedischen Fluß.

Angel-Europameisterschaften in Spanien. Bei großen internationalen Veranstaltungen werden in der Regel sowohl Mannschafts- als auch Einzelwettbewerbe ausgetragen.

ins Wasser kommt. Man vermeide jedoch jede Hektik, vor allem beim Anhieb und Anlanden des Fisches, da ansonsten viele Fische wieder verlorengehen.

Stellt man fest, daß die Beißlust der Fische während des Wettkampfes immer mehr abnimmt, so kann eine Verringerung von Haken- und Ködergröße sowie Verwendung dünnerer Vorfächer oder gar ein Köderwechsel wieder Verbesserung bringen.

Ausschlaggebend ist nicht zuletzt auch die Konzentrationsfähigkeit des Anglers, insbesondere wenn es auf den Schluß des Wettbewerbes zugeht und sich langsam physische und psychische Ermüdung breit macht. Oftmals sind jedoch gerade ein oder zwei Fische, die in den letzten Minuten noch gefangen wurden, das berühmte Züngleins an der Waage, das über einen Spitzenplatz oder eine Plazierung im Mittelfeld entscheidet.

Nach dem Wettkampf

Lernen kann man am besten aus eigenen Fehlern, sowie aus dem Vergleich mit der Leistung anderer und durch Austausch von Kenntnissen und Erfahrungen. Nach dem Wettbewerb ist es ratsam, sich die Angler auf den Spitzenplätzen zu merken. Auf Grund ihrer Platzziffer kann man versuchen herauszufinden, wo sie geangelt haben und mit welchem Gerät und welcher Taktik gerade auf diesen Plätzen soviele Fische erbeutet wurden. Es lohnt sich auch mit den »Profis« ins Gespräch zu kommen und noch vor Ort Fragen über Technik, Gerät, Köder und Anfütterung beantwortet zu bekommen. Beim nächsten Mal wirkt sich mit Sicherheit der eine oder andere Hinweis positiv auf den eigenen Fangerfolg aus.

Moderne Grundangler im Anmarsch.

Mit Bambusrute und Flaschenkorken fängt es an . . .

Stichwortverzeichnis

Fundiertes Wissen für die Angel-Praxis

BLV Angel- und Sportfischerpraxis

Jens P. Hansen

Raubfische angeln

Die Fischerei auf die drei populärsten Raubfischarten Hecht, Barsch und Zander, die Wahl der richtigen Köder, Geräte und die geeignetste Fangtechnik werden hier beschrieben. Man erfährt, wo gute Fangplätze liegen und lernt Lebensweise und Verhalten der Raubfische kennen.

2. Auflage, 175 Seiten, 139 s/w-Fotos, 75 Zeichnungen

BLV Sportpraxis 221

Alexander Kölbing/Kurt Seifert

Richtig Angeln

Dieses handliche Buch aus der Reihe »BLV Sportpraxis« beschäftigt sich mit den verschiedenen Angelmethoden, der entsprechenden Ausrüstung, dem Fischwasser und weiteren wichtigen Themen für Angler.

3. Auflage, 127 Seiten, 76 Farbfotos, 8 s/w-Fotos, 12 Zeichnungen

BLV Angel- und Sportfischerpraxis

Hans-Peter Kirchner

Mehr Erfolg beim Fliegenfischen

Ein Grundlagenbuch, das Anfänger und Fortgeschrittene ausführlich über Ausrüstung, Werfen, Insekten, Köder, Anbiete-Technik, Fliegenfischen auf Salmoniden, Zander, Hecht, Barsch und andere Fischarten informiert.

118 Seiten, 49 Farbfotos, 21 s/w-Fotos, 25 Zeichnungen

Mike Dawes

Handbuch Fliegenbinden

Mit vielen Schritt-für-Schritt-Zeichnungen, Farbfotos und leicht nachvollziehbaren Bindeanleitungen informiert dieses Handbuch über alle international bewährten Fliegen – Nymphen, Trockenfliegen, Naßfliegen, Großfliegen, Streamers und Lachsfliegen.

159 Seiten, 238 Farbfotos, 258 Zeichnungen

In unserem Verlagsprogramm finden Sie Bücher zu folgenden Sachgebieten:

Garten- und Zimmerpflanzen ·Natur · Angeln, Jagd, Waffen · Sport und Fitness · Pferde und Reiten · Wandern und Alpinismus · Auto und Motorrad · Essen und Trinken · Gesundheit.

Wünschen Sie Informationen, so schreiben Sie bitte an:

BLV Verlagsgesellschaft
Postfach 40 03 20, 8000 München 40.

BLV Verlagsgesellschaft München